一《ひ》二《ふ》三《み》

（三）

岡本天明《てんめい》・著
奥山一四《ひとし》・補訂

幻冬舎MC

目次

※文中に差別的意味合いのある言葉を掲載していますが、岡本天明《てんめい》が書かれたものを、なるべく忠実に再現するために必要であると判断し、掲載いたしました。御了承ください。

第二十四巻　黄金《こがね》の巻《まき》　全百帖《ちょう》

自　昭和二十四年十一月十七日
至　昭和二十五年　一月十八日

第一帖　（五一二）

元の元の元の神は、何もかも終わっているのであるぞ。終わりなく始めなく、弥栄《いやさか》えているのぞ。

友作れよ。友作ることは、己作ることぞ。広めることぞ。己を友の心の中に入れることぞ。

皆、我《われ》の目的立てに来ているぞ。それでは思惑立たんぞ。御《み》光が愛ぞ。真《しん》ぞ。愛は、まぞ。真《しん》は、ことぞ。これを、まことというぞ。まことは生きているぞ。三千世界《さんぜんせかい》の命《いのち》ぞ。

和作れ。和は結びぞ。何もかも生まれるぞ。息するぞ。

自分で勝手にしておいて、親神を恨んでいるぞ。

この巻から、人民の道しるべであるぞ。近いことから知らすぞ。この筆《ふで》出たら、すぐ血としておいてくだされよ。そなたのためであるぞ。そなたのためは人のため、世のため、三千世界のためであるぞ。

この巻、黄金《こがね》の巻。心の目、開《ひら》けよ。

十一月十七日

日津《ひつ》久神《くのかみ》

第二帖　（五一三）

日本《にほん》が日本がと、まだ小さい島国、日本に囚《とら》われているぞ。世界の日本と口で申しているが、生き返る者八分《はちぶ》ぞ。八分の中の八分はまた生き返るぞ。生き返っても日本に囚われるぞ。尾張《おわり》の仕組《しくみ》は、身の終わり。骨なし日本を、まだ日本と思うて目覚めん。

九十《こと》、九十《こと》と申してカラスになっているぞ。古いことばかり守っているぞ。古いことが新しいことと思うているなれど、新しいことが古いのであるぞ。取り違いいたすなよ。

神は命《いのち》ぞ。秩序ぞ。秩序は法則ぞ。為せよ。行《ぎょう》ぜよ。考えよ。考えたらよいのぢゃ。為すには、まず求めよ。神を求めよ。己に求めよ。求めて、理解した後、為せ。為して省《かえり》みよ。神の命《いのち》、そこに弥栄えるぞ。

今までの日本の宗教は、日本だけの宗教。この度は世界の基《もと》の、三千世界の大道ぞ。教えでないぞ。

八分《はちぶ》の二分《にぶ》は、まことの日本人ぢゃ。日本人とは、世界の民のことぢゃ。一度、日本捨てよ。日本が摑《つか》めるぞ。日本摑むことは、三千世界を摑むことぞ。悪の大将も、そのことよく知っていて、天地でんぐり返るのぢゃ。

物の食べ方に気つけよ。皆の者、物ばかり食べてござるぞ。

二分の人民、結構に生きてくだされよ。喜び神ぞ。

十一月十七日

日津久神《ひつくのかみ》

第三帖　（五一四）

神は、神の中に宇宙を生み給《たま》うたのであるぞ。善の祈りには善、悪の祈りには悪。祈りのとおりに何もかも出てくること、まだ分からんか。

時節には時節のこと申してあろ。

十一月十七日

日津久神《ひつくのかみ》

第四帖　（五一五）

これだけに世界に荒事《あらごと》をさして見せて、筆どおりに出てきても、まだ目覚めんのか。まだまだ改心、なかなかぢゃなあ。悔い改めよ。省みよ。恥じ恐れよ。慎めよ。その日その時から良くなるぞ。

人間には神は知れんものぞ。神の働きのみ、やっと知れるぞ。神の働きは千変万化《せんぺんばんか》。働き見て神そのものと思うは、人間心《ごころ》。
この筆、針の穴ほども違わん。書かしたこと、そのまま出てくるぞ。神は人となりたいのぢゃ。人は神となりたいのぢゃ。霊は形を、形は霊を求めてござるのぢゃ。人は神の入れもの。神は人の命《いのち》。

十一月十七日

日津久神《ひつくのかみ》

第五帖 (五一六)

もの生む、初め女。目的立てるとスコタン。種《たね》から生えたものは渋柿ぢゃ。接木《つぎき》せねば甘柿とはならんぞ。
己のためすることは、人のためにすることぞ。思いは力、実在ぞ。

十一月十七日

第六帖　（五一七）

天地交《ま》ぜ交ぜになったら、まだまだなるのである。かれこれ、何が何だか分からんことになると申してあろが。早う筆腹に入れておけよ。己に逆らうは神に逆らうものぞ。己拝むは神拝むもの。キリキリ舞い、目の前。

十一月十七日

日津久神《ひつくのかみ》

第七帖　（五一八）

今は、まだなるようにしておりてくだされよ。悪いこと通して良くなる仕組、よく心得よ。

神体や神殿が神ではないぞ。神でもあるぞ。取り違い禁物。鼻高には困る困る。

他の教会は、病治して一人でも信者多く作って、立派に教会を作ればそれでよいようにしているが、この道はそんなところでまごまごさしてはおかれんぞ。高く光るぞ。遠くから拝むようになるぞ。

一切の未来も、一切の過去もすべてが現在ぞ。中今《なかいま》ぞ。このこと分かるが善ぢゃ。神はすべてを知っているのぞ。現在は永遠ぞ。

どこからともなく感じてくるもの尊べよ。取り次ぎ、信者より曇り酷い。

十一月十七日

第八帖　（五一九）

外にあるもの、内にあるぞ。

十一月十七日

第九帖 （五二〇）

この筆に縁ある者には、天子の働きくらいのこと、すぐに分かる身魂《みたま》授けあるのに、今の姿は何事ぞ。釦《ぼたん》押せよ。燈台下《とうだいもと》へ来て、明るうなると思い違い、下《もと》へ来て明かりとなれよ。光となれよ。

十一月十七日

第十帖 （五二一）

もう化けてはおられん。化けの世は済んだのであるから、人民嘘《うそ》してはならんぞ。嘘見分ける鏡、与えてあるぞ。

早う改心なされ。仏の取り次ぎ、キリストの取り次ぎ、天理《てんり》、金光《こんこう》、大本《おおもと》の取り次ぎさん、早う改心結構ぞ。アラーの取り次ぎさん、道教も同様ぞ。

人間は、いつも創られつつあるものぞ。これでよいということはないぞ。ゴッドも仏も神も、皆そのとおりざぞ。世の中も、三千世界もまた同様ぞ。創られつつあるのぞ。

愛といい真《しん》というも、皆方便《ほうべん》ぞ。いずれも、まことの現《あらわ》れであるぞ。方便《ほうべん》の世は済みて、方便《ホウベン》の世となるぞ。その方便《ホウベン》の世済みて、まことの世となるのぢゃ。善悪なき世となるのぢゃ。分かりたか。

辛酉《かのととり》の日

日津久神《ひつくのかみ》

第十一帖　(五二二)

今度の岩戸開《いわとびら》き、神と人との九十運動ぞ。立て替えの守護が大切ぞ。

まず、一筋《ひとすじ》の天地の道から変えるのぢゃ。次に人の道作るのぢゃ。縦と横であるぞ。人の道と天地の道と間違えているぞ。人の道は花いろいろと咲き乱れ、織り交ぜて、楽し楽しのそれぞれであるぞ。

自分で自分のこととしているのであるが、また、させられているのであるぞ。大き自分に溶け入ったとて、小さい自分なくなってしまうのでないぞ。神人《かみひと》ぞ、天地《あめつち》ぞと申してあろが。善も仮ぞ。悪も仮ぞ。よく心得なされよ。

辛酉《かのととり》の日

日津久神《ひつくのかみ》

第十二帖（五二三）

守護神、守護神と申しているが、魂の守護神は肉ぞ。肉の守護神は魂ぞ。クルクル回ってまた初めからぢゃ。前の初めと初めが違うぞ。

皆、相談し合って、良きに弥栄えるぞ。為さねば後悔ぞ。初めからの筆読めば分かるように示してあるでないか。筆読まんから迷うのぞ。神は人民の気引くぞ。筆読めよ。筆出るぞ。

辛酉《かのととり》　日津久神《ひつくのかみ》

第十三帖　（五二四）

筆はちっとも違わん。違うと思うことあったら、己の心省みよ。その心曇っているのであるぞ。

巡《めぐ》りあるだけ、神が恨めしくなるぞ。巡りなくなれば、神がありがたいのぢゃ。

人間なくて神ばかりでは、この世のことはできはせんぞ。神が人間になって働くのぞ。分かりたか。

新しき神国が生まれるまで、巡りばかりがウヨウヨと、昔のしたことばかり恋しがっているが、そんなこといつまでも続かんぞ。三年の苦しみ、五年もがき、七年でやっと気のつく人民多いぞ。皆、仲良う相談し合って、力合わせて進め進め。弥栄えるぞ。

二つに分かれるぞ。三つに分かれるぞ。分かれて元に納まる仕組、結構結構。理解大切、理解結構。思考しなければ、これからは何もできんぞ。拝み合うことは、理解し合うことぞ。手合わせて拝むばかりでは、何も分かりはせんぞ。なぜに心の手、合わせんのぢゃ。心の手とは、左ゆく心の手と、右ゆく心の手と和すことぢゃ。悟ることぢゃ。

苦しんで苦しんで苦しみ抜いて得たことは、楽に得たことぢゃ。その楽に得たことのみ、自分の身につくのぢゃ。血ぢゃ、肉ぢゃ。

日津久神《ひつくのかみ》

辛酉《かのととり》

第十四帖　（五二五）

印《しるし》は⦿《まるてん》と申してあろ。⦿、なかなかぢゃなあ。

為せ、為せ。為せば成る時ぞ。為さねば後悔ぞ。

元立てよ。

辛酉《かのととり》

日津久神《ひつくのかみ》

第十五帖　（五二六）

人から見てあれならばというようになれば、この方《ほう》の光出るのぢゃ。行できねばお出直し。お出直し多いなあ。

独断、役には立たんぞ。

岩戸開《びら》きの九分九厘《くぶくりん》で引っ繰り返り、また九分九厘で引っ繰り返る。

天明《てんめい》、五十六歳七か月、開《ひら》く。
辛酉《かのととり》

日津久神《ひつくのかみ》

第十六帖　（五二七）

羹《あつもの》に懲《こ》りて膾《なます》吹いてござる人民よ。欲捨てると分かってくるぞ。まことの欲深になれよ。

いろはの勉強とは、日々の生活を筆に合わすことぞ。この中から筆どおりの型出せよ。出さねばならんぞ。分かった人ほど、口静かになるぞ。

天狗《てんぐ》が出てきて、三日天下。それも御《おん》役。御《おん》役、御《ご》苦労ぢゃなあ。良けりゃ立ち寄り、悪くなれば立ち去るような人民、早う退いて見物《けんぶつ》してござれよ。いつも日和見《ひよりみ》していると、気の毒できるぞ。神に使われるのは、一通りや二通りの苦労ではできん。

宗教によるもののみ天国にゆくと考える者、自分の教会のみ天国に通ずると思う者、皆悪の眷族《けんぞく》ばかり。迷うなよ。迷うは欲からぢゃ。体験と理解のみ財産ぞ。筆腹に入ったら、それでもうよいぞ。去りて花咲かせ。腹に入るまでは、去ってはならん。確か心得よ。

辛酉《かのととり》

日津久神《ひつくのかみ》

第十七帖（五二八）

神拝《はい》しても筋違うと水《みず》の泡ぞ。まだ迷うているが、それでは仕組、成就せんぞ。褌《ふんどし》締めて、一本道の真心、結構。

金がよければ金拝め、人がよければ人拝めよ。神がよければ神拝め。

辛酉《かのととり》

日津久神《ひつくのかみ》

第十八帖（五二九）

祈れば祈るほど、悪うなることあるぞ。結構な道と分からんか。心して、迷うでないぞ。

天国の門、貧者富者の別ないぞ。別ある境界、作るでないぞ。

世界中、一度に揺す振ると申してあろ。釦《ぼたん》一つででんぐり返ると申してあること、まだ分からんのか。

神罰はなし。道は一つ二つと思うなよ。無数であるぞ（ただし、内容は一つぞ）。新しき道開《ひら》いてあるに、なぜ進まんのぢゃ。

下腹からの怒は怒れ。胸からの怒は怒るなよ。

昔からないことするのであるから、取り違いもっともであるなれど、分ける身魂授けてあるぞ。

高い天狗《てんぐ》の鼻曲げて、自分の香り嗅《か》いでみるがよいぞ。鼻持ちならんぞ。今までのこと、ちっとも交わらん新しき世になるのであるから、守護神殿にも分からんことするのであるから、世界の民、皆一度に改心するようにどん詰まりにはいたすのであるなれど、それまでに一人でも多く、一時も早く改心さしたいのぢゃ。

気緩《ゆる》めたら肉体緩むぞ。後戻りばかりぢゃ。

霊人と語るのは危ないぞ。気つけくれよ。人は人と語れよ。

辛酉《かのととり》の日

日津久神《ひつくのかみ》

第十九帖（五三〇）

己の行できておらんと、人の悪口、言わなならんことになるぞ。己の心、日々夜々、改めねばならん。心とは身と心のことぞ。

元の生き神が、直接の直々の守護をいたす時、来たぞ。気つけおくぞ。国々、所々、村々、家々《いえいえ》、皆何なりとして、巡りだけの借銭済ましいたしくれよ。大《おお》峠《とうげ》ぞ。早合点するなよ。小さい入れ物、間に合わん。

辛酉《かのととり》

日津久神《ひつくのかみ》

第二十帖（五三二）

動かん富士の仕組の、鳴門の仕組。

言霊《ことだま》、数霊《かずたま》、一二三《ひふみ》、色霊《いろたま》、いろは。

辛酉《かのととり》

日津久神《ひつくのかみ》

第二十一帖　（五三二）

言われる間はよいぞ。読まれる間はよいぞ。綱切れたら沖の舟。神信じつつ、迷信に落ちてござるぞ。

日本の国の身魂、曇っていること酷いぞ。外国、同様ながら筋通っているぞ。型にはめると動きないことになるぞ。型外せと申してあろうが。自分で自分を監視せよ。

顕斎《けんさい》のみでも迷信、幽斎《ゆうさい》のみでも迷信、二つ行っても迷信ぞ。二つ溶け合って生まれた一つの正斎《せいさい》を中として、顕幽、両斎を外として祭るのが大祭りであるぞ。

荒《あら》、和《にぎ》、幸《さき》、奇《くし》、身魂統《す》べるのが直日《なおひ》（直霊）の身魂、御統《みすまる》の身魂ぞ。今度は、直日のみでなくてはならん。直日弥栄えて直日月地《なおひつきくに》の働きとなるのぞ。

食べ物、気つけよ。信仰は感情ぞ。飢えた人には食べ物。

神よ、勝て。人間、勝ってはならんぞ。

辛酉《かのととり》

第二十二帖　（五三三）

神祭れ。祖先祭れ。子孫祭れ。心祭れ。言葉祭れ。行祭れ。食べ物祭れ。着る物祭れ。住居祭れ。土地祭れ。感謝、感謝で喜び来るぞ。奇跡では改心できんのであるぞ。

辛酉《かのととり》の日

日津久神《ひつくのかみ》

日津久神《ひつくのかみ》

第二十三帖　（五三四）

この筆読むと身魂磨けるぞ、磨けるぞ。筆読むと改心できるぞ。暮らし向きも無理なく結構に弥栄《やさか》、弥栄《いやさか》えるぞ。まだ分からんのか。苦しいのは筆読まんからぢゃ。金の世済みて、金《キン》の世来るぞ。

三年目、五年目、七年目ぢゃ。心得なされよ。

欲しい物、欲しい時食べよ。

低うなるから流れてくるのぢゃ。高うなって、天狗《てんぐ》ではならん道理。頭下げると流れくるぞ。喜び、愛から来るぞ。

神様も神様を拝み、神の道を聞くのであるぞ。それは⊙と◎《うず》と◎とによって自分のものとなるのぢゃ。溶けるのぢゃ。一つ境があるぞ。

世界の人民、一人一柱、守りの神つけてあるぞ。人に説くには人がいるぞ。

役員、取り違いしているぞ。我《われ》よし信仰だからぞ。あまり大き過ぎるから分からんのも道理ながら、分からんでは済まん時、来ているぞ。

いざという時は、日頃の信心ものいうぞ。つけ焼刃は、つけ焼刃。神拝むとは、頭ばかり下げることでないぞ。内の生活することぞ。内外共でなくてはならん。

残る一厘《いちりん》は、悪の中に隠してあるぞ。

辛酉《かのととり》　　　　　日津久神《ひつくのかみ》

第二十四帖（五三五）

口で知らすこと、分かる人には分かるぞ。大切なことは耳（御身《みみ》）に聞かしてあるぞ。天狗《てんぐ》ざから、軽く見るから分からんのざぞ。筆は要《い》らんのぢゃ。筆はカスぢゃぞ。皆、・《てん》を見失っているぞ。・あるのが分かるまい。言うてならん。仕組は、出来上がらんと人民には分からん。仕上げ見てくだされ。立派ぢゃなあ。心で悟りてくだされよ。

言うだけで聞けば、実地に出さんでもよいのぢゃ。実地には出したくないのぢゃ。この道理、よく悟りてくれよ。実地に出しては人民かあいそうなから、堪《こら》え堪《こら》えてくどう申している中に、早う悟りてくだされよ。

辛酉《かのととり》の日

日津久神《ひつくのかみ》

第二十五帖 (五三六)

こんなになったのも、この方等《ほうら》が、我《が》が強過ぎたからであるぞ。我《が》出すなと申してあろ。この度の岩戸開《びら》きに使う身魂は、我《が》の強い者ばかりが、巡りだけのこと償って、償うことぞ。天地構う神でも、我《が》出せんことであるぞ。神々様も懺悔《ざんげ》してござるぞ。まして人民。

天明《てんめい》、改心まだまだのまだまだであるぞ。

辛酉《かのととり》の日

日津久神《ひつくのかみ》

第二十六帖　（五三七）

与えてあるのに、なぜ手出さぬ。より良き教えに変わるのは、宗祖の喜ぶことくらい分かるであろ。

うまいこと申して人集めると、うまいこと申して人が去るのであるぞ。西と東に宮建てよ。建てる時、近づいたぞ。間に合う守護神、九分《くぶ》通り悪になっているぞ。

縦には差別あるぞ。横は無差別ぞ。この道理分からねば、一列一平《いちれついったいら》とならん。金欲しい者には、金儲けさしてやれよ。欲しいもの与えてやれよ。人間心《ごころ》、神心《かみごころ》、逆様ぢゃ。与えることはいただくこと。まだ分からんか。

皆、何も天国にゆくようになっているではないか。この世でも天国、あの世でも天国。目出度《めでた》いなあ。地獄説く宗教は亡びるぞ。地獄と思う者、地獄作って地獄に住むぞ。地獄激しくなるぞ。

人間の力だけでは、これからは何もできん。赤《あか》の世から黄《き》の世になるぞ。世は七度の大変わりと知らしてあろ。次の世は黄の世。
ロ、静かせよ。
辛酉《かのととり》
日津久神《ひつくのかみ》

第二十七帖（五三八）

なぜ、喜び受けぬのぢゃ。

宗教はなくなってしまうぞ。まこと、光るのぢゃ。光のまことの宗教、生まれるのぢゃ。その時は宗教でないぞ。心得なされよ。

拍手《かしわで》と拍手《カシワデ》と二つあるぞ。拍手は誓《ちか》いと誓《チカ》いの印《しるし》。手擦《す》るのは願いの印。

辛酉《かのととり》

日津久神《ひつくのかみ》

第二十八帖（五三九）

外が悪くて中が善いということないのぢゃ。外も中も同じ性持っているのぢゃ。

時節来ているから、このままにしておいてもできるが、それでは人民かあいそうなから、くどう申しているのぢゃ。

三千年《さんぜんねん》、花咲くぞ。結構な花、三年。その後、三年であるぞ。次の三年、目出度やなあ、目出度やなあ。

光の筆、裏まで読んでみなされ。よく分かって、ビシビシそのとおりになっておろがな。

この方《ほう》、念じてやれよ。この火《ほう》、この水《ほう》ぞ。この火ばかりと思うなよ。火《ひ》と水《み》ざぞ。善き火《ほう》に回してやるぞ。善き水《ほう》の御用《ごよう》も回してやるぞ。しくじりも人間にはあるぞ。しくじったらやり直せよ。しくじりは、火と水の違いぞ。このこと、よく心得てなされよ。しくじり、しくじりでなくなるぞ。何も思案投首《しあんなげくび》、一番罪深い。

皆それぞれに喜び与えられているでないか。何不足申すのざ。

辛酉《かのととり》　　日津久神《ひつくのかみ》

第二十九帖（五四〇）

富士の盗み合い、世の乱れ。

心して怪《あや》しと思うことは、たとえ神の言葉と申しても、一応は考えよ。神の言葉でも、裏表の見境《みさかい》なく、ただに信じてはならん。審神者《さにわ》せよ。薬、毒となることあると申してあろが。馬鹿正直、まことの道見失うことあると申してあろが。道は易《やす》し、楽し。楽しないのは道ではないぞ。奉仕ではないぞ。

世界に呼びかける前に、日本に呼びかけよ。目、覚まさねばならんのぢゃ。それが順序と申すもの。筆で知らしてあろが。

ここは種《たね》作る所。種は人民で作れんぞ。神の申すよう、神の息いただいてくだされよ。

天の道、地の道、天地の道あるぞ。人の道あるぞ。何もかも道あるぞ。道に外れたもの、外道《げどう》ぢゃぞ。前は一筋《ひとすじ》ぞ。二筋ぞ。三筋ぞ。曲がっているぞ。真直ぐであるぞ。心得なされ。

節分から大日月地大神《おおひつきくにのおおかみ》と現れるぞ。称《たた》え奉《まつ》れ。三年の大グレ。

辛酉《かのととり》

日津久神《ひつくのかみ》

第三十帖　（五四二）

改心、早う結構ぞ。一四三〇《ビョーサマ》一四三〇《ビョーサマ》

道知るのみでは何にもならん。道味わえよ。歩めよ。大神の道には正邪ないぞ。善悪ないぞ。人の世に映りて、正と見え、邪と見えるのぢゃ。人の道へ映るときは、曇りただけのレンズ通すのぢゃ。レンズ通してもの見ると、逆立ちするぞ。神に善と悪あるように、人の心に映るのぢゃ。レンズ外せよ。レンズ外すとは、筆読むことぞ。なき地獄、人が生むぞ。罪ぞ。曲《まが》（禍）ぞ。

今までは陰《かげ》の守護であったが、岩戸開《ひら》いて表の守護となり、裏表揃《そろ》うた守護になりたら、まことの守護ぞ。悪も善も、もう隠れる所なくなるぞ。

辛酉《かのととり》　　　　　　　日津久神《ひつくのかみ》

第三十一帖　（五四二）

人民それぞれに用意してくれよ。自分出しては円居壊《まどい》すぞ。力出んぞ。早う作れよ、的《まと》とせよと申してあろがな。的は光の射し入る所。的として、月一度出せよ。

自分の小さいこと知れる者は、神の国に近づいたのであるぞ。

辛酉《かのととり》

日津久神《ひつくのかみ》

第三十二帖　（五四三）

神の道に進むために罵《ののし》られることは、人民の喜びぞ。その喜び越えて神の喜びに入れば、罵られることないぞ。神敬うはまだまだぢゃぞ。早う悟りて、神に溶け入れよ。

辛酉《かのととり》の日
日津久神《ひつくのかみ》

第三十三帖　（五四四）

神国、神の宮、早うつくれ。
今度ここへ神が引き寄せた者は、皆、キリストぢゃ、釈迦ぢゃぞと申してあろ。磨けば、今までの教祖にもなれる身魂ばかりぞ。それだけに罪深いぞ。岩戸開《あ》けて、巡り果たせたいのぢゃ。このこと、腹によく分かるであろが。
辛酉《かのととり》
日津久神《ひつくのかみ》

第三十四帖　（五四五）

世界平《ひら》とう、胸の掃除から腹の掃除ぞ。

理智がまことの愛ぞ。悪も神の御子《み》。絶対の責任は神、相対の責任は人民。

親よりも師よりも、神愛せよ。その親、師は、神から更に愛されるぞ。

大国常立神《おおくにとこたちのかみ》が大素戔嗚神《おおすさなるのかみ》様なり。

辛酉《かのととり》の日

日津久神《ひつくのかみ》

第三十五帖　（五四六）

お父様が日の大神様、お母様が月の大神様なり。

奥山から出たものは奥山に返り、また奥山から更に弥栄となって出るのであるぞ。

大切なもの、皆与えてあるでないか。人民は、ただそれをどんなにするかでよいように、楽にしてあるぞ。

辛酉《かのととり》　　日津久神《ひつくのかみ》

第三十六帖　（五四七）

まことに求めるならば、神は何でも与えるぞ。与えているでないか。御用は、筆見んと分からん道理、分からんか。誰にも知れんこと知らして、型して見せてあるでないか。

辛酉《かのととり》の日　　日津久神《ひつくのかみ》

第三十七帖　（五四八）

円居《まどい》は、天国の組織同様にせよ。横には、ウクスツヌフムユルウの十柱ぞ。縦には、アイウエオの五柱、結構ぢゃなあ。横だけでも片輪《かたわ》、縦だけでも片輪。この方《ほう》、見えんアであるぞ。現れは筆ぢゃ。よく相談し合って、結構いたしくれよ。弥栄えるぞ。一二三《ひふみ》読めば分かる。神業奉仕すれば、自ら巡り取れるのぢゃ。巡りない者、一人もこの世にはおらん。

辛酉《かのととり》　日津久神《ひつくのかみ》

第三十八帖　（五四九）

心次第で皆救われる。悪には悪の道、それ知らん善の神では、悪抱き参らすことできん。因縁《いんねん》あっても、曇り酷いと御用難しいぞ。この世の人民の悪は、幽界に映り、幽界の悪がこの世に映る。

辛酉《かのととり》

日津久神《ひつくのかみ》

第三十九帖　（五五〇）

見渡せば見事咲きたり天狗《てんぐ》の鼻の

二人でせよと申してあるのは、裏表合わせて一つぞ。二人で一人でせねばならん。統一ないところ、力生まれんぞ。

人民の奉仕は、神への奉仕。生活は奉仕から生まれる。

世界は大きな田畑。それ播《ま》け、それ播け、種《たね》を播け。

第四十帖　（五五一）

どうにもこうにも、手つけられまい。この世は浮島《うきしま》ぞ。人民の心も浮島ぞ。油断禁物。一二三《ひふみ》の食べ方心得たら、今度は気分緩《ゆる》やかに、嬉し嬉しで食べよ。天国の食べ方ぞ。一切は自分のものと申してあろ。上も下も右も左も、皆自分のものぞ。自分ぞ。そこにまこと愛、生まれるぞ。

辛酉《かのととり》　　　　日津久神《ひつくのかみ》

第四十一帖　（五五二）

この方《ほう》の下《もと》へ引き寄せた人民、八、九分《くぶ》通りは、皆一度や二度は死ぬる命《いのち》を神が助けて、巡り取って御用さしているのぞ。奉仕せよ。どんな御用も勇んで努めよ。腹に手当てて考えて見よ。なるほどなあと思い当たるであろうが。喉元過ぎて忘れておろうが。

辛酉《かのととり》

日津久神《ひつくのかみ》

第四十二帖 （五五三）

筆読めば、筆のキ通うぞ。筆読めよ。筆写せよ。写す御役《おん》、結構ぢゃなあ。写せ、写せ。人に写せよ。世界に写せよ。

悪の身魂和《なご》め抱き参らすには、理解大切ぢゃ。

辛酉《かのととり》

日津久神《ひつくのかみ》

第四十三帖　（五五四）

野見よ、森見よと申してあろ。水の流れにも宗教あるぞ。これを人民、勝手に宗教に一度下げるから、神冒《おか》すことになるのざ。引き下げねば分からんし、心で悟れよ。覚《さ》めの生活、弥栄えるぞ。天国の礎《いしずえ》、出足《であし》の地場《じば》は富士《二二》（夫婦）からぢゃ。富士の道は、一二三《ひふみ》の道ぢゃ。和ぢゃ。

辛酉《かのととり》　　日津久神《ひつくのかみ》

第四十四帖　（五五五）

奉《たてまつ》る歌書かしておいたに、なぜ読まんのぢゃ。大き声で読み上げよ。歌、歌いくれと申してある時、来ているぞ。歌で岩戸開《ひら》けるぞ。皆、歌え歌え。各《おの》も各も、心の歌作って奉《まつ》れよ。歌、結構ぞ。

ひふみゆらひふみゆらゆらひふみゆらゆら

掛《か》けまくも畏《かしこ》けれども歌奉《たてまつ》る

御前《おんまえ》に歌奉《たてまつ》る弥栄御歌《やさかみ》を

世を救う大みいわざぞみことかしこし

まさに今神のみことをこの耳（御身《みみ》）に聞く

三千世界救う御業《みわざ》ぞ言《こと》正しゆかな

大神の布《し》きます島の八十島《やそしま》弥栄《やさか》

天《あま》駆けり地《くに》駆ける神も御《み》光に伏す

堪《た》えに堪《た》えし三千年の岩戸開《ひら》けぬ

認《したた》みも祝いもとおり神に仕えん

大御稜威《おおみいづ》あぎとう魚もひれ伏し集う

惟神《かんながら》みことの朝を御《み》民健やかに

神の子ぞ御《み》民ぞ今のこの幸《さち》になく

国原は大波打ちて御文《みふみ》を拝す
天もなく地もなく今をみことに生きん
大御告《おおみつ》げ八百万《やおよろず》神も勇みたつべし
天地《あめつち》の光となりて御筆《み》湧き出《い》づ
一つ血の御《み》民の血今湧きて止《と》まらず
大みこと身に甦《よみがえ》る遠つ親の血
既に吾《あ》れあるなし神の辺《べ》にこそ生きん

高鳴るは吾か親の血か御告《みつ》げ尊し
吾れあらじ神々にして祈らせ給《たま》う
天地《あめつち》も極まり泣かんこの時にして
かつてなき大御告《おおみつ》げなり断《た》たでやむべき
天地《あめつち》も極まりここに御《み》世生まれこん
大き日の陽《ひ》に溶け呼ばん国開《ひら》く道
みこと宣《の》り今ぞ輝き岩戸開《ひら》けん

宮柱太敷《ふとし》き建てて神の随《まにま》に
抱き参らせ大御心《おおみこころ》に今ぞ応えん
言《こと》い向けまつろわし召しみことかしこし
ただ涙堰《せき》あえず吾は御前《おんまえ》に伏す
捧げたる命《いのち》ぞ今を神と生まれます
大前《おおまえ》に伏すも畏《かしこ》し祈る術《すべ》なし
今はただ命《いのち》の限りお道伝えんを

祈りつつ限り尽くさん御《み》民なり吾れ
命《いのち》越え大き命《いのち》に生きさせ給え

ひたすらにみこと畏《かしこ》み今日に生きこし

言霊《ことだま》の言《こと》高らかに太陽《おおひ》に溶けな

天に叫び吾れに鞭《むち》打ち今日に生きこし

嵐《あらし》となり天《あま》駆けりなばこの心癒《い》えんか

走りつつ今海出《い》づる大き月に呼ぶ

御《み》身《み》隠し命《いのち》と生まれて遠《とお》つ親さか
神々の智は弥栄えここに吾れ立つ
御《み》民皆死すちょうことのありてあるべき
あなさやけ御《み》民栄《は》えあり神共にゆく
さあれ吾の命《いのち》尊し吾を拝《おろが》みぬ
水《み》浸《づ》くとも苔《こけ》生《む》すとても生きて仕えん
いゆくべし曲《まが》（禍）の曲（禍）こと断《た》たでやむべき

返り言《ごと》高ら白《もう》さんと今日も死をゆく
追い追いて山の尾ごとにまつろわさんぞ
追い払い川の瀬ごとに曲《まが》（禍）和《なご》めなん
みことなれば天《あめ》の壁立つ極みゆかなん
利心《とごころ》の雄叫《おたけ》び天も高く鳴るべし
正言《まさごと》を正言として知らしめ給え
手肱《たなひじ》に水泡《みなわ》かきたり御年《みとし》（補訂者注：稲）育てんを

向股《むかまた》に泥《ひじ》かき寄せて穀《たなつ》作らん

狭田《さだ》長田《おさだ》所せきまで実らせ給え

神々の血潮《ちしお》とならん言《こと》に生きゆく

言騒《ことさや》ぐ民言《こと》向けて神に捧げん

にぎて掛け共に歌わば岩戸開《ひら》けん

大き日に真向かい呼ばん神の御《おん》名を

道端《みちばた》の花の白きに祈る人あり

拍手《かしわで》の響きて今の大き喜び
悔ゆるなく御前《おんまえ》に伏し祝詞《のりと》申すも
祝詞せば誰か和しおり波の寄す如《ごと》
祝詞申す我《わ》が魂《たましい》に呼ぶ何かあり
御前《おんまえ》に額突《ぬかづ》きあれば波の音聞こゆ
悔ゆるなき一日《ひとひ》ありけり夕月に歩《ほ》す
曇りなく今を祝詞す幸《さきわ》え給え

奉《たてまつ》る歌聞こし召せ幸《さきわ》え給え

ひふみよいむなやここたりももちよろずう

辛酉《かのととり》の日

第四十五帖　（五五六）

相談相談と申して、見物《けんぶつ》を舞台に上げてならん。見物は見物席。祈り祈り結構と申して、邪の祈りは邪の道に落ちるぞ。いろいろのお告げ出ると申してあろが。今そのとおりぢゃ。お告げに迷うぞ。審神者《さにわ》して聞けと申してあろ。審神者して聞け。分からなくなれば筆見よ。

十一月裏四日

日津久神《ひつくのかみ》

第四十六帖　（五五七）

今度の仕組、まだまだなるのぢゃ。なってなって、なりの果てに初めて成るぞ。生むぞ。まず金がなければと申しているが、その心、まことないぞ。キが元とあれほど申しても、まだ分からんのか。役員、堂々巡り。

十一月裏四日　　日津久神《ひつくのかみ》

第四十七帖　（五五八）

なるとは、成ることぞ。成るは表、主《しゅ》ぞ。生むとは✡（ウム）のこと。生むは裏、従《じゅう》ぞ。成るは内、生むは外。成るには内の陰陽合わせ、生むには外の陰陽合わせよ。

成ると生むは、同じであるぞ。違うのぢゃぞ。成ることを生むと申すことあるぞ。生むこと、成ると見ることあるぞ。

成るとは◎《なる》こと、自分が大きく成ることぞ。自分の中に自分作り、内に生きることぞ。生むとは自分の中に自分作り、外に置くことぞ。

このこと分かれば、イシヤの仕組分かる。

十一月裏四日

日津久神《ひつくのかみ》

第四十八帖　（五五九）

神の御用と申して、まだまだ自分の目的立てる用意しているぞ。自分に自分が騙されんようにいたしくれよ。自分の中に、善の仮面を被った悪が住んでいるに気づかんか。

祓《はら》い清めの神が、素戔鳴神《すさなるのかみ》様なり。審神者《さにわ》の神は、艮金神《うしとらこんじん》様なり。それぞれにお願いしてから、それぞれのこと行ぜよ。

この道に入って初めの間は、却《かえ》って損したり馬鹿みたりするぞ。それは巡り取っていただいているのぞ。それが済めば、苦しくてもどこかに光、見出すぞ。お蔭《かげ》の始め。次に自信ついてくるぞ。胴が据《す》わってくるぞ。心が勇んできたら、お蔭大きく光り出したのぢゃ。

悪の霊は、みぞおちに止まりがちぞ。霊の形は肉体の形、肉体は霊の形に従うもの。このこと分かれば、この世のこと、この世とあの世の関係が、はっきりするぞ。足には足袋《たび》、手には手袋。

十一月裏四日　艮《うしとら》

第四十九帖　（五六〇）

上の、一番の番頭、大将が悪いのではない。一の番頭が良くないのざ。親に背《そむ》くは良くないが、真理に背くはなお悪い。眷族さんにも御《おん》礼申せよ。大神様だけでは仁義になりませんぞえ。月日様では世は正されん。日月様であるぞ。日月様が日月地《ひつきくに》様となりなされて、今度の岩戸開《びら》き、開《あ》けるぞ。

筆、当分二を通じて出せよ。与えよ。〆と二と千とセとワとホとは、まず奥山。

十二月七日

日津久神《ひつくのかみ》

第五十帖　（五六一）

口で言うこと、よく聞けよ。肉体で言うこと、神の申すこと、よく聞き分けくだされよ。霊媒通じてこの世に呼びかける霊の九分九分九厘《くぶくぶくりん》は、邪霊であるぞ。激しくなるぞ。

世界一平《いったいら》、まだまだできそうで、できない相談。奥の奥、見通してくだされ。

動きは必要であれど、皮剥《む》くぞ。次も駄目、次も駄目、その次の次がまことの一家ぢゃ。

寒い所暖かく、暑い所涼しくなるぞ。

仏には仏の世界はあれど、三千年でチョンぞと申してあろ。

筆示すに、順乱してくるぞ。欲出してくださるなよ。順乱れるところに神の働きないぞ。人民自由にせよと申して、悪自由してならん。

十二月七日

日津久神《ひつくのかみ》

第五十一帖　（五六二）

喜べよ。喜びは弥栄の種《たね》播くぞ。祈りは実行ぞ。言わねばならんし、言えば肉体が申すように思ってお蔭《かげ》落とすし、分からんこと申すように、自分の物差しで測るし、学《がく》の鼻高さんには神も閉口。

十二月七日

日津久神《ひつくのかみ》

第五十二帖　（五六三）

何も知らん者が出てきて邪魔するぞ。よほどしっかりいたしくれよ。邪魔も御役《おん》ながら、時と所によりけり。

神徳《しんとく》積んだら、人の前に自分隠せるようになるぞ。頭に立つ者、力隠せよ。

昨日より今日、今日より明日と、一歩一歩弥栄えよ。一足飛び、見ていても危ない。早く分かれば後戻りさせねばならず、分からんで後押しせねばならず。少しの時の早し遅しはあるなれど、いずれは筆どおりに出てくるぞ。想念は形式を持って、初めて力出るぞ。

十二月七日

日津久神《ひつくのかみ》

第五十三帖　（五六四）

物も神として使えば神となるぞ。

相談と申せば、人民ばかりで相談しているが、神との相談、結構ぞ。神との相談は、筆読むことぢゃ。ゆき詰まったら、筆に相談せよ。筆が教えて、導いてくれるぞ。

罪を憎んで、その人を憎まずとは、悪のやり方。神のやり方は、その罪をも憎まず。

生活が豊かになってくるのが正しい道ぞ。ゆき詰まったら、間違った道歩いているのざ。

我《が》ではゆかん。学や金ではゆかん。まことの智一つと申してあろ。

十二月七日

日津久神《ひつくのかみ》

第五十四帖　（五六五）

目的良くても、実行の時に悪い念入ると、悪魔に魅入《みい》られるぞ。心せよ。雨、風、岩、いよいよ荒れの時節ぢゃ。世界に何とも言われんことが、病も分からん病が激しくなるぞ。食うべきものでない悪、食うて生きねばならん時来るぞ。悪を消化する胃袋、早うせねば間に合わん。梅干大切心の。五十二歳、次の世の始め。五十六才七か月、弥勒《みろく》の世。

十二月七日

日津久神《ひつくのかみ》

第五十五帖　（五六六）

今度集まっても、まとまりつくまいがな。世界の型出して、実地に見せてあるのぢゃ。骨が折れるなれど、実地に見せねばならんし、まとまらんのをまとめて、皆がアフンの仕組。気のつく人民、早う元へ返りてくだされよ。心にまことあり、口にまこと伝えるとも、実行なきもの多いぞ。偽りに神の力は加わらない。偽善者、多いのう。祈り行じて洗濯すれば、皆世界の審神者《さにわ》にもなれる結構な身魂ばかり。死産の子も祭らねばならん。

十二月七日

日津久神《ひつくのかみ》

第五十六帖（五六七）

逆恨みでも、恨みは恨み。理屈に合わんでも、飛んだ目に遭《あ》うぞ。今までの教えでは立ちてゆかん。生まれ変わらねば、人も生きてはゆかれん。平等愛とは、差別愛のことぞ。公平という声に騙されるなよ。数で決めるなと申してあろがな。群集心理とは、一時的の邪霊の憑《つ》きものぞ。

上から乱れているから、下の示しつかん。我《われ》よしのやり方では、世は治まらん。

十二月七日

日津久神《ひつくのかみ》

第五十七帖 （五六八）

仲良しになって道伝えよ。道を説けよ。一切を肯定して、二九《じく》を伝えよ。悪神懸《かか》りたなれば、自分では偉い神様がうつりていると信じ込むものぞ。かあいそうなれど、それも己の天狗《てんぐ》からぞ。取り違いからぞ。霊媒の行見れば、すぐ分かるでないか。早う改心せよ。霊の玩具《おもちゃ》になっている者、多い世の中。大将が誰だか分からんことになるぞ。先生と申してやれば、皆先生になってござる。困ったものぞ。

十二月七日

日津久神《ひつくのかみ》

第五十八帖　（五六九）

神々の数は限りないのであるが、一柱ずつ御名《み》を称えていては限りないぞ。大日月地大神《おおひつきくにのおおかみ》と称え奉《まつ》れ。すべての神々様を称え奉《まつ》ることであるぞ。日は父、月は母、地《くに》（㊉）は自分であるぞ。自分拝まねば、どうにもならんことになってくるぞ。

一日が千日になったぞ。

十二月七日

日津久神《ひつくのかみ》

第五十九帖　（五七〇）

・忘れるなよ。世を捨て、肉を離れて天国近しとするは邪教であるぞ。合わせ鏡であるから、片輪となっては天国へゆかれん道理ぢゃ。迷信であるぞ。金で世を治めて、金で潰《つぶ》して地固めして、弥勒《みろく》の世といたすのぢゃ。三千世界のことであるから、ちと早し遅しはあるぞ。少し遅れると人民は、筆は嘘ぢゃと申すが、百年も続けて嘘は言えんぞ、申さんぞ。

十二月七日

日津久神《ひつくのかみ》

第六十帖　（五七一）

ここは、いと古い神祭りて、いと新しい道開《ひら》く所。天狗《てんぐ》さん、鼻折りて早う奥山に参れよ。

この世の仕事が、あの世の仕事。この道理分からずに、この世の仕事捨てて、神のためぢゃと申して飛び回る鼻高さん、ポキンぞ。仕事、仕え奉《まつ》れよ。徳積めばこそ、天国へ昇るのぢゃ。天国にゆく人、この世でも天国にいるぞ。北はこの世の始めなり。

十二月七日

日津久神《ひつくのかみ》

第六十一帖　（五七二）

自分のみの信仰は、私心私情のため。自己作りてから人を導くのぢゃと理屈申しているが、その心根洗って自分でよく見つめよ。悪は善の仮面被って心の中に食い入っているぞ。仮面が理屈。理屈は隠れ蓑《みの》。

十二月七日

日津久神《ひつくのかみ》

第六十二帖　（五七三）

洋服脱いで和服着て、また洋服着るのぢゃ。仏の力と神の力と同じでないぞ。同じところまでは同じであるが、もうここまで来たら、この先は神の道でなくては動き取れん。神の大道は、上の上であるぞ。神の道を明らかにすれば、神はその人を明らかにする。
天使は天と地の和合者、仁人は地と天の和合者。

十二月七日

日《ひ》津《つ》久《くのかみ》神

第六十三帖　（五七四）

奥山、奥山と知らしてあろが。筆は奥山から出て、奥山で分けるくらいのこと、なぜに分からんのぢゃ。誰でもが勝手にしてならん。

それぞれの順立てねば、悪となるぞ。分からんのは、我《われ》よしからぢゃ。本《もと》から固めてゆかねば、いつまで経っても小田原ぢゃ。小田原も道筋ながら、それでは世界の人民、丸潰《つぶ》れとなるぞ。三分《さんぶ》残したいために三千の足場と申してあるのぢゃ。早う三千集めよ。御役《おん》、御《ご》苦労。

十二月七日　　　　　　　　　　日津久神《ひつくのかみ》

第六十四帖　（五七五）

どこで何していても、道さえ踏んでおれば弥栄えるぞ。ゆき詰まったら省みよ。己の心の狂い、分かってくるぞ。神から伸びた智と愛でないと、人民の知や学や愛はすぐペシャンコ。やりてみよれ。根なし草には、実は結ばんぞ。お尻出したら、お尻綺麗《きれい》に拭《ふ》いてやれよ。怒ってはならん。子の尻と思うて拭いてやれよ。

分かった人民よ、今のうちは阿呆結構ぞ。一つに和してござれ。人間心《ごころ》で急ぐでないぞ。

十二月十四日

日津久神《ひつくのかみ》

第六十五帖 （五七六）

自分に囚われると、局部の神、有限の神しか分からんぞ。自分捨てると光射し入るぞ。

血は愛、息は真《しん》ぞ。平面の上でいくら苦しんでも何にもならん。却って巡り積むばかり。堂々巡りぢゃ。天子は奥山にお出ましぞ。

十二月十四日

日津久神《ひつくのかみ》

第六十六帖　（五七七）

省みると道見出し、悟ると道が分かり、改むると道進む。苦しむばかりが能ではない。

自分の中にあるから、近寄ってくるのであるぞ。嫌なこと起こってくるのは、嫌なことが自分の中にあるからぢゃ。

肉体は、親から受けたのざから、親に似ているのぞ。霊は、神から受けたのざから、神に似ているぞ。

分かりた守護神、一日も早く奥山へ出て参りて、神の御用、結構。

十二月十四日

日津久神《ひつくのかみ》

第六十七帖　（五七八）

慢心出るから、筆読まんようなことになるのぞ。腹の中に悪のキ入るから、グラグラと折角の屋台骨、動いてくるのぞ。人の心がまことにならんと、まことの神の力、現れんぞ。身魂磨きとは、善いと感じたこと直ちに行うことぞ。愛は神から出ているのであるから、神に祈って愛さしていただくようにすると、弥栄えるぞ。祈らずに自分でするから、本《もと》を絶つから、我《われ》よしに、自分愛になるのぞ。自分拝《おろが》むのは肉愛でないぞ。

十二月十四日

第六十八帖　（五七九）

神と人の和は、神よりなさるものであるぞ。本質的には人間から神に働きかけるものでないぞ。働きかける力は神から出るのであるから、人間から和し奉《たてまつ》らねばならんのであるぞ。

信じ合う一人ができたら、一つの世界を得たこと。一つ得たら二つになったことぞ。

祈りを忘れることは、神を忘れること。神から遠ざかること。それではならんのう。安全な道通れ。安全な教えの所へ集まれよ。

十二月十四日

第六十九帖　（五八〇）

悪く言われるのが結構ぞ。何と言われても、ビクつくような仕組してないぞ。天晴《あっぱ》れ、三千世界の弥勒《みろく》の仕組、天晴《あっぱ》れぞ。

この先は、神の力いただかんことには、ちっとも先ゆかれんことになるぞ。行ったと思うて振り返ると、後戻りしていたのにアフンぞ。心得なされよ。

何もかも存在許されているものは、それだけの働きあるからぞ。近目で見るから、善ぢゃ悪ぢゃと騒ぎ回るのぞ。

大き一神を信ずるまでには、部分的多神から入るのが近道。大きものは一目では分からん。

この方《ほう》、世に落ちての仕組であるから、落として成就する仕組、結構。神様は親。四角張らずに、近寄ってきて親しんでくだされよ。

十二月十四日

第七十帖　(五八一)

しくじりの身魂もあるなれど、この方《ほう》の仕組ぢゃ、滅多に間違いないのざから、欲しいものには一《ひと》まず取らせておけよ。巡りだけ取っていってくださる仕組ぞ。苦しめたら、改心なかなかぢゃ。喜ばせて改心、結構ぢゃなあ。

すべてを愛せよと申すのは、高い立場のことでござるぞ。ここにはここの立場あるぞ。よく心得なされよ。

世の中には順序あるぞ。それが数霊《かずたま》。動くと音出るぞ。それが言霊《ことだま》。ものには色あるぞ。それが色霊《いろたま》。

十二月十四日

第七十一帖　（五八二）

世界がそなたに映っているのぞ。世界見て、己の心早う改心いたされよ。世はグルグルと七変わり。改心のため、世界の民、皆今度は引き上げ、一旦、皆あるぞ。

縦の繋《つな》がりを忘れがちぢゃ。平面のことのみ考えるから、平面のキのみ入るぞ。平面のキのみでは、邪であるぞ。

動機善なれば、失敗は薬。

十二月十四日

第七十二帖　（五八三）

世界の人民、皆改心せよと申すのぞ。

どんな巡りある金でも持っておればよいように思うてござるなれど、巡りある金は巡りそのものと分からんか。

家《いえ》の治まらんのは、女が出るからぞ。夫立てると果報は女に来るぞ。

天界に住む者は、一人一人は力弱いが、和すから無敵ぞ。幽界に住む者は、一人一人は力強いが、孤立するから弱いのぞ。仲良う和してやれと申す道理、分かりたか。

そなたは何万年の原因から生まれ出た結果であるぞ。不足申すでないぞ。

十二月十四日

第七十三帖　（五八四）

四十八柱、四十九柱、それぞれの血筋の者引き寄せておいて、その中から磨けた者ばかり選り抜く仕組。磨けん者、替わりの身魂、いくらでもあるぞ。お出直し、お出直し。

世界が二分《にぶ》ぢゃなあ。

もの見るのは額で見なされ。ピンと来るぞ。額の判断、間違いなし。額の目に見の誤りなし。

霊界には、時間、空間はないと申しているが、ないのでないぞ。違って現れるから、ないのと同様であるぞ。あるのであるぞ。

悪の霊はみぞおちに集まり、頑張るぞ。

黄金《こがね》の巻は百帖ぞ。黄金、白銀《しろがね》、とりどりに出るのぢゃ。慌てるでないぞ。

十二月二十七日

日津久神《ひつくのかみ》

第七十四帖　（五八五）

貰うた神徳に光出す人民でないと、神徳を我《われ》よしにする人民には、お蔭《かげ》やらん。自分が自分で思うようになるまいがな。自分が自分のものでないからぞ。自分のものなら自由になると申してあろが。

道を進めば楽にゆける。道ゆかんで、山や畑や沼に入るから苦しむのぞ。神の仕組の分かる人民、二、三分《さんぶ》できたら、いよいよに掛かるぞ。まだまだ改心足らん。神急《せ》けるぞ。

魂に巡りあると、何してもグラリグラリと成就せんぞ。巡りのままが出てくるのであるぞ。

心の善き者、神にまつりて、この世の守護神と現すぞ。理屈は分からんでも、真理は摑めるぞ。

信念と真念は違うぞ。信念は自分のもの。信念超えて真念あるぞ。任せ切ったのが真念ぞ。迷信が迷信でなくなることあるぞ。ぢゃと申して、信念がいらんのでないぞ。

もう待たれんから、分かりた人民、一日も早く奥山に参りて、神の御用、結構に務め上げてくだされよ。世界中を天国にいたす御用の御役《おん》、務め上げてくだされよ。

人間の念力だけでは、何ほどのこともできはせんぞ。その念力に感応する神の力があるから、人間に分からん、びっくりが出てくるのざぞ。

一月三日

日津久神《ひつくのかみ》

第七十五帖 （五八六）

戦《いくさ》や天災では改心できん。三千世界の立て直しであるから、誰によらん、下の神々様もアフンの仕組で、見事成就さすのであるが、よく筆読めば、心で読めば、仕組、九分《くぶ》通りは分かるのであるぞ。

死ぬ時の想念がそのまま続くのであるから、その想念のままの世界に住むのであるぞ。この世を天国として暮らす人、天国へゆくぞ。地獄の想念、地獄生むぞ。

真理を知れば良くなるぞ。そんなこと迷信と申すが、求めてみなされ。百日、一生懸命求めてみなされ。必ずお蔭《かげ》あるぞ。神があるから光が射して、嬉し嬉しとなるのであるぞ。

一月三日

日《ひ》津《つ》久《く》神《のかみ》

第七十六帖　（五八七）

真理を知って良くならなかったら、よく省みよ。良くなるのがまことであるぞ。悪くなったら、心せねばならん。

善人が苦しむことあるぞ。よく考えてみい。長い目で見て良くしようとするのが神の心ぞ。目の前のお蔭《かげ》でなく、永遠の立場から良くなるお蔭が、まことのお蔭。神徳は重いから、腰ふらつかんようにしてくだされよ。その代わり、貫きてくだされたら、永久《とわ》にしぼまん木（苦）の花となるぞ。富士に、木の花どっと咲くぞ。

拍手は清めであるが、神々様との約束固めでもあるぞ。約束違《たが》えるでないぞ。

一月三日

日津久神《ひつくのかみ》

第七十七帖　（五八八）

富士の仕組とは、動かん真理。渦海《うずうみ》の鳴門の仕組とは、弥栄《いやさか》の、限りなき愛のことであるぞ。

神の道に入り、道を踏んでおれば、やり方一つで何でも良く、嬉し嬉しとなるぞ。世の元からできている身魂の立て直しであるから、一人の改心でもなかなかであると申しているのに、グズグズしていると間に合わん。気の毒できるぞ。巡りは巡りと申すのは、自分のしたことが自分に巡ってくることであるぞ。巡りは自分で作るのであるぞ。他を恨んではならん。

美の門から神を知るのが、誰にでも分かる一番の道であるぞ。芸術から神の道に入るのは、誰にでもできる。この道理分かるであろうが。

裁きの庭に出たならば、世界は一人の王となるぞ。お出まし近うなったぞ。

自分良くしてくれと申しているが、それは神を小使いに思うているからぞ。大きくなれよ。

一月三日

日津久神《ひつくのかみ》

第七十八帖（五八九）

悪でゆけるなら悪でもよいが、悪は影であるから、悪では続かんから、早う善に返れと申すのぞ。

先祖は、肉体人を土台として修行するぞ。巡りだけの行をせねばならん。

一月三日

日津久神《ひつくのかみ》

第七十九帖　（五九〇）

心入れ換え、奥山へ参りて、その場で荷物を持たすようになるから、身魂を十分磨いておいてくだされよ。神が力添えるから、どんな見事な御用でもできるのであるぞ。

一月三日

日津久神《ひつくのかみ》

第八十帖　（五九一）

欲が深いから、先が見えんのぢゃ。

悪神よ、今までは思うとおりに、初めの仕組どおりにやれたなれど、もう悪の利《き》かん時節が来たのであるから、早う善に立ち返りてくだされよ。善の神まで巻き入れての仕放題。これで不足はもうあるまいぞや。

いくら信仰しても、借銭なくなるまでは、苦しまねばならん。途中でへこたれんように、命懸けで信仰せねば、借銭なし難しいぞ。途中で変わる紫陽花《あじさい》では、御用難しいぞ。

一月三日

日津久神《ひつくのかみ》

第八十一帖　（五九二）

心に凸凹あるから、幽界のものに取り憑かれて、つまらんことになるのぞ。つまらんことを広めて亡びるぞ。

一月三日

日津久神《ひつくのかみ》

第八十二帖　（五九三）

いよいよとなって助けてくれと走り込んでも、その時では遅いから、間に合わんから、早う神の心悟れと申してあるのざ。笑いのない教えにしてくださるなよ。学問や金を頼っているうちは、まだまだ改心できないぞ。今までの宗教の力でも、法律でもどうにもならん。掃除が目の前に来ているぞ。神の力を頼るより他に道ないこと、まだ分からんか。中ほどまで進むと分からんことあるぞ。神の試練、気つけてくれよ。どちらの国も見当取れんことになるぞ。

腹立つのは巡りあるからぞ。

善で続くか悪で続くか、この世に善と悪とがあって、どちらで立っていくか、末代続くか、得心ゆくまでいたさせてあったが、もう悪では続かんことが、悪神にも分かってくるのであるから、今しばらくのゴタゴタであるぞ。

ものの調和が分かれば、正しき霊覚が生まれるぞ。神の姿が映ってくるぞ。

一月三日

日津久神《ひつくのかみ》

第八十三帖（五九四）

光るまことの行をさしたら、皆逃げてしまうから、ここまで甘くして引っ張ってきたなれど、もう甘くできんから、これからはキチリキチリと神の規則どおりに行うから、お手柄結構に、褌《ふんどし》締めてくだされよ。

この世は神の国の映しであるのに、幽界からうつりてきたものの自由にせられて、今の体裁、この世は幽界同様になっているぞ。地は地《くに》のやり方せねば治まらん。早く気づいた人民から、救いの舟を出してくだされよ。

これと信じたら任せ切れよ。損もよいぞ、病気もよいぞ、怪我もよいぞ。それによって巡り取っていただくのぞ。巡りなくなれば日本晴れぞ。今がその借銭済ましぞ。世界の巡り大きいぞ。

真理は霊、芸術は体であるぞ。正しき芸術から、神の道に入るのもよいぞ。説くのもよいぞ。芸術のゆき詰まりは、真理がないからぞ。芸術は調和。七つの花が八つに咲くぞ。

一月三日

日津久神《ひつくのかみ》

第八十四帖　（五九五）

神は人民に改心さして、世の立て替え立て直しいたそうと思うたのであるが、曇りがあまりに酷いから、何事のびっくりが出るか、もう神も堪忍袋の緒、切れたぞ。

人間が恨みや怒り持つと、その持ち物までが争うことになるぞ。早う気持ちから洗濯してくだされよ。死んでも続くぞ。結構に始末せねばならん。上に立つ者、余計に働かねばならん時、来ているぞ。いくら古くから信心しているど申しても、肝心が分かりておらんと何もならん。良い御用できん。想念の自由とは、神に向上する、より上の、より良き方《ほう》に進む自由であるぞ。どの世界の人民も自由持つ。

一月三日

第八十五帖　（五九六）

裏の仕組に・入れると表の仕組となり、表の仕組に◯《まる》入れると裏の御《おん》役となるなり。・抜けば、悪のやり方となるのぢゃ。どの仕組も分かりておらんと、三千世界の先々まで分かりておらんと、何事も成就せんぞ。

神界の乱れ、色《いろ》からぢゃと申してあろ。男女関係が、世の乱れの本《もと》であるぞ。お互いに魂の取りやりであるぞ。この世ばかりでなく、あの世まで続くのであるから、くどう気つけておくぞ。

ことは、ものになる。悪いことすれば悪いもの生まれてきて、生まれ故郷に食いついて悪くする。善いことも同様ぞ。

因縁のある身魂が集まってきて、人のようせん辛抱して、世界の立て替え立て直しの御用いたすのであるから、浮いた心で参りてきても、お役に立たん。邪魔ばかりぢゃ。因縁の身魂は、どんなに苦しくても心は春ぢゃ。心勇まん者は、筆読んで馬鹿らしいと思う者は、遠慮いらんから、さっさと帰りてくだされよ。神はもう、機嫌取りは御免《ごめん》ぢゃ。

一月三日

第八十六帖　（五九七）

一分《いちぶ》一厘《いちりん》、力一杯、違わんこと書かしてあるのぢゃ。色眼鏡で見るから、違ったことに見えるのぢゃ。筆、嘘ぢゃと申すようになるのぞ。眼鏡外して、落ちついて見て、腹で見てくだされよ。世の先々のことまで、はっきりと映るぞ。そなたの心の中にいる獣《けだもの》、言向けねばならん。善きに導かねばならん。一生掛かってもよいぞ。それが天国にゆく鍵であるぞ。まことの改心であるぞ。智恵と愛が、主の座におらねばならん。ものは愛から生まれるぞ。生むものが元ぢゃ。生まれるものは成るのぢゃ。成るには智恵で成るのぢゃぞ。

一月三日

第八十七帖　（五九八）

まことに改心できたと神が見届けたら、今度はこの世は元より、何の心配もないように守って、肉体、顔まで変えてやるぞ。

宿命と運命は同じでない。磨けばどんなにでも光るぞ。放っておいても神に背くものは自滅してゆき、従うものは弥栄えていくぞ。そこに神の働き、よく悟りてくだされよ。人間の処理方法と神の処理方法と融和せねばならん。

急がねばならず、急いでは谷底に落ちて、でき損《そこ》なうぞ。

ありとあるもの、何でもかんでも、天地の御用持っているのぞ。そのものの勝手な道は許さんぞ。

大き喜びの中に、小さい自分の喜び、大きく栄えるぞ。大きな命《いのち》の中にこそ、小さい自分のまことの喜びが弥栄えるのであるぞ。分かりたか。

一月三日

第八十八帖　（五九九）

日本は日本、唐は唐、オロシヤはオロシヤ。メリカ、キリスは、メリカ、キリスぢゃ。分け隔てするのは神の心でないと申す人民沢山あるが、世界は一平《いったいら》ぢゃと申して、同じことぢゃ、同じ神の子ぢゃと申しているが、頭は頭、手は手、足は足と申してあろが。同じことであって、同じでないぞ。悪平等は悪平等ぞ。世界丸潰《つぶ》れの企みぞ。この道理、よく心得なされよ。すべてのものを、まず感受せよ。その後に感謝せよ。感謝すれば弥栄えるぞ。

一月三日

第八十九帖　（六〇〇）

喜びは神から流れ、愛から流れ出るのであるが、愛そのもの、善そのものではない。命《いのち》であるぞ。命《いのち》であるが、命《いのち》の本体ではないぞ。

天地には天地のキ、民族には民族のキあるぞ。そのキは時代によって変わってくる。その時のキが、その時のまことの姿であるぞ。それに合わんものは亡んでしまうぞ。

火の洗礼、水の洗礼。ぶったり、叩いたり、火水《かみ》の洗礼なくては、銘刀はできん道理ぢゃ。

一月三日

第九十帖　（六〇一）

世界中がいくら集まって、良き世にいたす相談いたしても、肝心の・が分からんから、まとまりつかん。

誰一人、悪い我《わ》がままの癖持たん人間ないぞ。その癖を直してゆくのが、皮剥《む》くことぢゃ。改心ぢゃ。弥栄ゆくことぢゃ。

金持つと金の地獄に、理屈持つと理屈の地獄に、神に囚《とら》われると神の地獄に落ちて苦しむぞ。持たねばならんし、なかなかぢゃなあ。まず求めよ。求めねばならん。まず捨てて求めよ。求めて行ぜよ。

一月三日

第九十一帖　（六〇二）

愛の人間は深く、智の人間は広く進むぞ。縦と横であるぞ。二つが織りなされて、結んで弥栄える仕組。縦のみでならん。横のみでならん。

この世に生まれてはこの世の御用、この世の行せねばならん道理。この世に生まれて、この世の行せねば、生まれた時より悪くなるぞ。草木より役に立たんものとなるぞ。草木に変えると申してあろ。神が変えるのでない、自分で成り下がるのであるぞ。分かりたか。

一月三日

第九十二帖　（六〇三）

慎ましく、正しくしてゆけば、その国々で一切不足なく暮らしてゆけるように、何もかも与えてあるに気づかんのか。天災地変は、人間の心のままと申してあろ。豊作、凶作、心のままぞ。今のままでゆけばどうなるか、誰にも分からんであろうが。筆どおりに出てくること、まだ疑っているのか。

ヒツクとミツクの民あると申してあろ。ヒツクの民は神の光を愛の中に受け、ミツクの民は智の中に受ける。愛に受けると直ちに血となり、智に受けると直ちに神経と和してしまうのであるぞ。二つの民の流れ。

一月三日

第九十三帖　（六〇四）

そなたが神摑めば、神はそなたを抱くぞ。神に抱かれたそなたは、平面から立体のそなたになるぞ。そなたが有限から無限になるぞ。神人となるのぢゃ。永遠の自分になるのであるぞ。

他のために行ぜよ。神は無理申さん。初めは子のためでもよい。親のためでもよい。自分以外の者のために、まず行ぜよ。奉仕せよ。嬉し嬉しの光、射し初《そ》めるぞ。初めの世界開《ひら》けるぞ。

一本足では立てん。二本足がよいぞ。

やがては明くる扶桑《ふそう》の朝富士は晴れたり日本晴れ

一月三日

第九十四帖　（六〇五）

落ちていた神々様、元へお帰りなさらねば、この世は治まらんのであるぞ。

一人一人では、いくら力ありなされても、物事成就せんぞ。それは地獄の悪のやり方。一人一人は力弱くとも、一つに和してくだされよ。二人寄れば何倍か、三人寄れば何十倍もの光出るぞ。それが天国のまことのやり方、善のやり方、善人、千人力のやり方ぞ。

誰でも、死んでから地獄へゆかん。地獄はないのであるから、ゆけん道理ぢゃなあ。曲がって世界を見るから、大取り違うから曲がった世界作り出して、自分で苦しむのぢゃ。そこに幽界できるのぢゃ。ありてなき世界、あってならん。

一月三日

第九十五帖　（六〇六）

四季は巡る。巡る姿は◎であるぞ。◎は働き。上《のぼ》れば下《くだ》り、下《くだ》れば上《のぼ》る。この筆読んだ今が、出船の港。神の恵みの時、与えられているのぢゃ。明日と申さず実行せよ。明日は永遠に来ないぞ。ないものぞ。今のみあるのぢゃ。

一月三日

第九十六帖　（六〇七）

艮《うしとら》金神《こんじん》様をまず理解せよ。どんなことでも叶えてやるぞ。理解するには、理解する心、まず生まねばならん。我《われ》よしでは拝めん金神様ぞ。天地すべてのもの、生きとし生けるものことごとく、より良くなるように働いているのであるぞ。それが神の心、御稜威《みいづ》ぞ。弥栄と申すものぞ。その時、その人間のキに相応した神より拝めん。悪いキで拝めば、どんな立派な神前でも、悪神が感応するのぢゃ。悪神拝んでも、正しき愛と喜びあれば、善き念が通ずるならば、悪神引っ込んで、それぞれの善き神現れるのぢゃ。この道理よく心得よ。

一月三日

第九十七帖　（六〇八）

命《いのち》捨てて掛からねば、まことの理解には入れん道理。身欲信心では駄目。命《いのち》捨てねば、命《いのち》に生きられん道理。二道二股多いと申してあろ。

悪しざまに申す宗教は亡びる。文明も神の働きから生まれたものぢゃ。悪も神の御《おん》働きと申すもの。悪憎むこと悪ぢゃ。善憎むよりなお悪い。なぜに分からんのか。

弥栄ということは、歩一歩ずつ喜び増してゆくことぞ。喜びの裏の苦に囚われるから分からんことに苦しむのぢゃ。苦と楽、共に見てよと申してあろ。

偶然の真理、早う悟れよ。

一月三日

第九十八帖　（六〇九）

大切なもの一切は、神が人間に与えてあるでないか。人間はそれを処理するだけでよいのであるぞ。なぜに生活にあくせくするのぢゃ。悠々、天地と共に天地に歩め。嬉し嬉しぞ。

一日が千日と申してあろ。神を知る前と、神を知ってからとのことを申してあるのぞ。神を知っての一日は、知らぬ千日よりも尊い。

初めは自分本位の祈りでもよいと申してあるなれども、いつまでも自分本位ではならん。止まると悪となるぞ。神の道は弥栄ぞ。動き働いてゆかなならん。善と悪との動き、心得なされよ。悪は悪ならず、悪憎むが悪。

一月三日

第九十九帖　（六一〇）

内にあるもの変えれば、外から映るもの、響いてくるもの変わってくるぞ。内が外へ、外が内へ響くのぢゃ。妻に任せ切った夫、夫に任せ切った妻の姿となれよ。信仰の真の道開《ひら》けるぞ。一皮剥《む》けるぞ。岩戸開《ひら》けるぞ。富士晴れるぞ。

一月三日

第百帖　（六一一）

真理を理解しておれば心配要らん。失敗も財産ぞ。真剣で求めると、真剣授かるぞ。求めるとは祈ること。よく祈るものはよく与えられる。日々の祈りは、行であるぞ。百年祈り続けても、祈りだけでは何もならん。それは祈り地獄ぢゃ。祈り地獄多いのう。肉体人は肉体の行せねばならん。日々の祈り、結構いたしくれよ。

次の祈りは省みることぞ。いくら祈り行じても自分省みねば、千年行じても何もならん道理ぢゃ。同じ山に登ったり下《くだ》ったり、御《ご》苦労のこと。馬鹿の散歩と申すもの。悔い改めよと申してあろ。省みて行ずるその祈り、弥栄えるぞ。

平面の上でいくら働いても、もがいても、平面行為で有限ぞ。立体に入らねばならん。無限に命《いのち》せねばならんぞ。立体から複立体、複々立体、立々体と進まねばならん。一から二に、二から三にと、次々に進めねばならん。進めば進むほど、初めに帰るぞ。・に至るぞ。立体に入るとは、まことの理解生活に入ることぞ。無限に溶け入ることぞ。

岩戸開《あ》けなば、富士輝くぞ。弥栄、弥栄。

一月十八日

第二十五巻　白銀《しろがね》の巻　全七帖

自　昭和二十四年十二月十四日
至　昭和二十五年　五月　八日

第一帖　（六一二）

天地の理《ことわり》、書き知らすぞ。この巻、白銀《しろがね》の巻。天国ぢゃ、霊国ぢゃ、地獄ぢゃ、浄土ぢゃ、穢土《えど》ぢゃと申しているが、そんな分け隔てはないのであるぞ。時、所、位に応じて、いろいろに説き聞かせてあるのぢゃが、時節到来したので、まことの天地の理《ことわり》を書き知らすぞ。

三千の世界の中の一つが、そなた達の世界であるぞ。この世もまた三千に分かれ、更に五千に分かれているぞ。この方《ほう》、五千の山に祭れと申してあろ。今の人民の知り得る世界は、その中の八つであるぞ。人民の種《たね》によっては、七つしか分からんのであるぞ。日の光を七つと思うているが、八であり、九であり、十であるぞ。人民では、六つか七つにしか分けられまいが。岩戸が開《ひら》けると、更に九、十となるぞ。隠してある一厘《いちりん》の仕組、九、十の仕組、成就した暁《あかつき》には何もかも分かると申してあろが。

八つの世界とは、⌒△、△、▽、ア、オ、ウ、エ、イであるぞ。八は固、七は液、六は気、五はキ、四は霊の固、三は霊の液、二は霊の気、一は霊のキ、と考えてよいのぢゃ。キとは気の気であるぞ。その他に逆の力があるぞ。九と十であるぞ。その上にまた霊の霊の固から始まっているのであるが、それは無の世界、無限の世界と心得よ。霊界に入ってゆけば、その一部は知れるなれど、皆直ちには分からないのであるぞ。分からんことは分からんと、分からねばならんと申してあろがな。

天、息吹《いぶ》けば、地、息吹《いぶ》くと申してあろ。このことよくわきまえよ。地の規則、天の規則となることあると申して知らしてあろ。この大切こと、忘れるでないぞ。思いの世界が天ぞ。肉の世界が地ぞ。思いは肉体と一つぞ。二つぞ。三つぞ。思い起こって肉体動くぞ。肉体動いて思い動くこともあるぞ。

生まれ赤子の心になって聞いてくだされよ。何もかもはっきり映るぞ。陰と陽、右と左、上と下、前と後、男と女と考えているなれど、高御産巣日《たかみむすび》と神産巣日《かみむすび》と考えているなれど、別の御中主《みなかぬし》、現れるぞ。☉、◎、◎、◎、⊕、⊕、◎、◎、卍、卍、十、十、よく見てくだされよ。一であり、二であり、三であろがな。三が道と申してあろ。陰陽二元でないぞ。三元ぞ。三つであるぞ。・なくてはならん。・にも隠れた・と、現れた・とがあるぞ。このこと、まず心得てくだされよ。そなた達は、父と母と二人から生まれ出たのか。そうではあるまいがな。三人から生まれ出ていること、分かるであろがな。

どの世界にも人が住んでいるのであるぞ。⊙の中に⊙があり、その中にまた⊙があり、限りないのざと知らせてあろが。そなた達の中にまた人がいて、限りないのぢゃ。この方《ほう》、人民の中にいると知らしてあろがな。そなた達も、八人、十人の人によって生きているのぞ。また十二人でもあるぞ。守護神と申すのは、心のそなた達のことであるが、段々変わるのであるぞ。自分と自分と和合せよと申すのは、八人、十人のそなた達が和合することぞ。それを改心と申すのざぞ。和合した姿を善と申すのぢゃ。今までの宗教は肉体を悪と申し、心を善と申して、肉体を疎《おろそ》かにしていたが、それが間違いであること合点か。一切がよいのぢゃということ合点か。地獄ないこと合点か。悪抱き参らせよと申してあること、これで合点か。合点ぢゃなあ。

各々の世界の人がその世界の神であるぞ。この世では、そなた達が神であるぞ。あの世では、そなた達の心を肉体としての人がいるのであるぞ。それが神と申しているものぞ。あの世の人をこの世から見ると神であるが、その上から見ると人であるぞ。あの世の上の世では、神の心を肉体として神がいますのであって、限りないのであるぞ。裏から申せば、神様の神様は人間様ぢゃ。心の守護神は肉体ぢゃと申してあろがな。肉体が心を守っているのであるが、ぢゃと申して肉体が主人顔してはならんぞ。どこまでも下に従うのぢゃ。順乱すと悪となるぞ。

生まれ赤子踏み越え、生まれ赤子になって聞いてくだされよ。そなた達の本尊は八枚、十枚の衣着ているのぢゃ。死ということは、その衣、上から脱ぐことぢゃ。脱ぐと中から出てきて、また八枚十枚の衣つけるようになっているのぢゃ。分かるように申しているのぢゃぞ。取り違いせんようにせよ。

天からキが地に降《ふ》って、ものが命《いのち》し、その地の命《いのち》のキがまた天に反映するのであるが、まだまだ地には凸凹あるから、キが天に返らずに横に逸《そ》れることあるぞ。その横のキの世界を幽界と申すのぢゃ。幽界は地で曲げられたキの作り出した所ぢゃ。地獄でないぞ。

十二月十四日

第二帖　（六一三）

分かるように申すならば、宇宙は・、真《しん》と愛との現れであるぞ。愛と真《しん》ではない。・、愛、真《しん》、善、智であるが、愛真でもなく、善智でもないぞ。愛と真《しん》が、善と智と現れ、喜びとなって働き、・が加わって弥栄《いやさか》えた命《いのち》であるぞ。愛のみというものないぞ。真《しん》のみというものないぞ。愛と現れ、真《しん》と現れるのであるぞ。人間には現れたものだけより分からんのであるが、こと分けて申すならば、愛には真《しん》隠れ、真《しん》には愛隠れ、その奥に・があるのぢゃ。人間は、親を父と母とに区別しているが、母と現れる時は父その中におり、父と現れる時はその中に母いるのであるぞ。いずれも親であるぞ。父となり母となり現れるのであるぞ。愛と真《しん》、善と智と区別して説かしておいたが、それは今までのこと。いつまでもそんなところで、まごまごさせてはおけんぞ。・が分からなければならん。・の・が分からねばならん。男の魂は女、女の魂は男と申してあろ。人間の目に愛と映るものは外の愛、真《しん》と映るものは外の真《しん》ぞ。中から申せば、外はお役の悪であるぞ。

今が過去で、今が未来ぞ。時間に踏み迷うなよ。空間に心踏み迷うでないぞ。皮一枚脱いで、心でよく考えなされ。いつも日が出ているでないか。月輝いてござるでないか。

力そのものに、力はないのであるぞ。霊と肉の結びのみで力現れるのでないぞ。＋《プラス》と－《マイナス》と合わせて組みて、力出ると思うているのであろが、一歩踏み出さねばならんぞ。＋《プラス》と－《マイナス》と合わせたのでは、＋《プラス》と－《マイナス》ぞ。力出ないのざ。・の力が加わって、そこに喜び出て、道となり、成り成りて真実と現れるのぞ。弥栄が真実ぞ。神ぞ。神の心ぞ。

龍神と申しているが、龍神にも二通りあるぞ。地からの龍神は、進化してゆくのであるぞ。進化を嘘ざと思うは、神様迷信ぞ。一方、天からの龍神は、退化してゆくのであるぞ。この二つの龍神が結ばれて、人間となるのであるぞ。人間は土で創って、神のキ入れて創ったのざと申してあろがな。岩戸閉めと岩戸開《びら》きの二つの御用の身魂《みたま》あると申してあろが。身魂の因縁恐ろしいぞ。

愛と智は、呼吸して喜びとなるのであるぞ。喜びは形をとる。形なく順序なきもの、〇であるぞ。善と真《しん》の働きを完全にするには、善と真《しん》との差別を、はっきりとさせねばならんぞ。溶け合わせ、結んで喜びと現れるのであるが、区別することによって、結ばれるのであるぞ。・しなければならん。すればするほど、力強く溶け合うのであるぞ。大き喜びとなるのであるぞ。このこと、ヒツキの民には分かるであろな。道は三つぞ。合点ぢゃなあ。

小の中に大あるぞ。ム（無《む》）の中にウ（有《う》）あるぞ。もの益々小さければ、益々清ければ、益々内に大きなものあり、益々純なものあるぞ。神はそなたの中にあるが、外にもあると申してあろがな。✡《ウム》よく見てくだされよ。

愛はそのまま愛でないぞ。真《しん》はそのまま真《しん》でないぞ。善は生《なま》では善でないぞ。

智は生《なま》では智でないぞ。・入れて、結んで溶けて喜びとなるのざ。喜び命《いのち》ぞ。宇宙のすべて命《いのち》であるぞ。

一月一日

第三帖　（六一四）

⊙の中の・の中の⊙は、一であり、二と開《ひら》き、三と命《いのち》するぞ。道は、一《ひ》で二《ふ》で三《み》であると申してあろ。一《ひ》も二《ふ》も三《み》も同じであり、違って栄えるのざ。一《ひ》二《ふ》三《み》であるぞ。このこと、教えられても分かるまい。腹で分かる大切こと、腹大切ぞ。固まってはならん。・に囚《とら》われると、・は分からん。

地の定規で測ってはならん。いかなる天国も、自分で作るのぞ。算盤《そろばん》捨てよと申してあろがな。喜びは道ぞ、数ぞ、言ぞ、真理ぞ、愛善ぞ。命《いのち》の息ということ、分かるであろ。

天国と申すのは、一人の大きな人間であるぞ。天国は霊人のみの住む所でないぞ。そなた達も、今住んでいるでないか。霊人も現界に住んでいるでないか。現界を離れて、天国のみの天国はないのであるぞ。ゆえにこそ、現界で天国を生み出し、天国に住めん者が、死んで天国へ住める道理ないのぢゃ。天地《あめつち》と申してあろ。この道理、よくわきまえよ。

善とか悪とか真《しん》とか偽とか愛とか憎とか申すのは、相対の天国ぞ。まことの天国には、喜びのみが生きているのであるぞ。喜びの中に溶け入って、喜びのものとなっているのであるぞ。喜び食し、喜び着、喜びを呼吸し、喜び語り合って、嬉し嬉しとなるのぞ。要らんものは、形が変わってくる。新しき命《いのち》、湧き出るのであるぞ。善が悪と、真《しん》が偽と変わったときは、死となるぞ。その死は新しき別の命《いのち》と現れて、新しき形の、新しき世界の善となり、真《しん》となるのぞ。善も悪もないのざと申してあろ。善悪はあるが、ないのざと申してあること、分かりたか。自分自身、己のための善は死し、善のための善は弥栄えるぞ。死んだものは、新しき形をとって、命《いのち》するのであるぞ。

弥栄の道、神の喜び、人間の喜びの中にあるぞ。愛ざと申して、愛に囚われてござるぞ。真《しん》ざと申して、真《しん》に囚われてござるぞ。喜びに生きよ。宗教に囚われてはならん。道に囚われてはならん。喜びに生きて、喜びに囚われるなよ。お互いに喜びの湧き出《い》づることでなければ、まことの愛でないぞ。道でないぞ。天国に道あると申すが、今の人間の申したり、考えたりするような道でないぞ。道なき道と申してあろうが。喜びが道であるぞ。嬉し嬉しの道、早う合点せよ。命《いのち》栄えるもの、皆喜びであるぞ。信仰とは、その喜びの中に溶け入ることぞ。生も死もなくなるのざ。時間や空間を入れるから、血、通わなくなるのぞ。

一月二日

第四帖 （六一五）

凸凹《でこぼこ》あるから、力現れるのぞ。凸凹あるため、善のみでも呼吸し、また真《しん》のみでも息するのであるぞ。偽善者も真《しん》を語り、真《しん》を伝え得るのであるぞ。愛を言い得るのであるぞ。幽界と申すのは、凸凹の映しの国と申してあろうがな。地獄ではないのざ。仙人は幽界に属しているのざと聞かしてあろうが。取り違いしてござるぞ。

愛は真《しん》と和して愛と生き、真《しん》は愛と和し、愛によって真《しん》の力現れるなれど、愛のみでも愛であるぞ。真《しん》のみでも真《しん》であるぞ。ただ、働きないのざ。働きないもの力ないぞ。喜びないぞ。喜びないもの亡びるのざ。・入らねば悪となるぞ。働きなきもの罪ぞ。穢《けが》れぞ。

善と悪と二道かけてならんぞ。道は一本と申してあろ。悪は悪として御役《おん》あるぞ。悪と偽りの中に、悪の喜びあるぞ。善と悪の二道の中には、二道かけては喜びないぞ。喜びないもの亡びるのざ。御《おん》役の悪とは、悪と偽りの悪であるぞ。悪と善との二道かけての悪でないぞ。心せよ。

悪は悪にのみ働きかけ得るのであるぞ。善に向かって働いても、善はビクともせんのぢゃ。ビクつくのは、悪に引き込まれるのは、己に悪あるからぞ。合わせ鏡と申してあろが。悪のキ断ちてくだされと申してあろ。心の鏡の凸凹なくなれば、悪映らないのざ。悪はなきものぞ。なきとは力なきことぞ。悪あればこそ、向上するのであるぞ。悔い改め得て、弥栄するのであるぞ。人間の働きあるのざぞ。・を忘れてはならん。

一月二日

第五帖　（六一六）

人間に自由はないのであるぞ。まことの自由は、大神にのみあるものぞ。大神の自由の一部が御《お》喜《ん》びと共に神に流れ入り、神に流れ入った自由は、また神の喜びとなって人間に流れ入るから、人間自身は自由を持っていると信ずるのであるぞ。本質的には自由はないのであるぞ。人間には自由の影があり、反映あるのざ。それを人間は自由と心得ているのであるぞ。自由の反映あるから、悪にも善にも、陽にも陰にもなし得るのであるぞ。また、進歩、弥栄するのであるぞ。悪自由を、人間は自由と心得ているが、それは自由ではなく、自分自身を首括《くく》るものぞ。善自由こそ、まことの自由であるぞ。自由は神から流れ出ると申してあろ。

他の世界と交流するは、他の世界に住む人間を通じてするのであるぞ。世界とは人間のことでもあるぞ。人間が世界であるぞ。よく心得なされよ。

＋（陽）と－（陰）と○と・であるぞ。＋の陰《かげ》には－があり、－の陰《かげ》には＋がある。その和の状態が○であり、・《いのち》するのであるぞ。＋は＋のみでは力ないぞ。－は－だけでは力ないぞ。＋と－とだけでも動きないぞ。命《いのち》の喜びないのであるぞ。よく心得よ。○があって＋－があり、＋－があり・があって、和があるのであるぞ。ここの道理、よく得心、合点せよ。＋は人間にとって直接の喜びでない。⊕が直々《じきじき》の喜びぞ。－も直接ではなく、⊖、⦶が直接の喜びであり、その二つが和し、・して嬉し嬉しと弥栄えるのであるぞ。

天地の中間を中界と申すぞ。天の息吹《いぶき》と地の息吹《いぶき》の中間ぞ。天国へゆくのも、ゆかんのもまず落ちつく、死後の初めての世界であるぞ。

一月二日

第六帖　（六一七）

元の元の㋰（無《む》）から㋰、㋒の中界を経て、ウ（有《う》）の現界に至ることごとくの世界が、皆人間に関係あるのであるから、肉体はウであるが、魂は㋰に通じているのであるから、㋰は喜びであるから、喜びが人間の本体であるから、神界といい現界といい一本の国であるから、人間からすれば人間が土台であるから、神の礎《いしずえ》であるから、神鎮まれば神人となるのであるから、神界、中界、現界貫きておらねば、まことの和合しておらねば、まことの喜びでないから、まことの喜びが大神であるから、大神の働きは人間によるものであるから、心せねばならんぞ。・せねばならんぞ。

天使といい、天人と申すも、皆それぞれの国の人間であるから、喜びの人間であるから、この道理分かりたら、地の世界と中の世界と天の世界と、皆同じであるから、持ちつ持たれつであるから、三千世界であるから、地の上に禍《わざわい》あると天の国にも災《わざわ》うのであるから、天の国の生活は地の上に根をつけているのであるから、遠くにあるのでないぞ。同じ所にあるのであるぞ。幽界と申すのは、道を外れた国のことざと知らしてあろがな。地獄ないと申してあろがな。このこと、間違わんように、地獄地獄の言葉やめてくだされよ。言葉から、もの生むのぞ。ただ、ものが違うのみであるから、人間の心が神に通ずるときは喜びとなり、幽人に通ずるときは悲しみとなるのであるぞ。通ずる心あるから、心に自由あるのであるぞ。弥栄あるのであるぞ。この道理よくわきまえてくだされよ。

天人に結婚もあれば仕事もあるぞ。死もまたあるのであるぞ。死とは住む段階の違う場合に起こる現象ぞ。死とは生きることぞ。

人間は、皆神懸《かみかか》っているのであるぞ。神懸《かみかか》っていない者、一人もおらんのぢゃ。神懸《かみかか》らん者は呼吸せんのぢゃ。このこと分かりておろがな。霊人は人間の心の中に住んでいるのであるぞ。心を肉体として住んでいるのぢゃ。その中にまた住んでいるのぢゃ。平《ひら》とう説いて聞かしているのぢゃ。霊人と和合しているから、神懸《かみがか》りであるからこそ、三千世界に働き栄えるのぢゃぞ。神界のことも分かる道理ぢゃ。幽界のことも分かる道理ぢゃ。人間のいう神懸《かみがか》りとは、幽界の神懸《かみがか》りぢゃ。ろくなことないのぢゃ。神懸《かみがか》りにも、神懸《かみがか》りと分からん神《かみ》懸《がか》り、結構ぢゃなあ、まことぢゃなあと知らしてあるのに、まだ分からんのか。

五月八日

第七帖　（六一八）

天国が映って地ができているのぢゃから、霊の国は更に立派、微妙ぞ。天界のもの光り輝き、幽界のもの暗くなる違いあるだけぢゃ。その時の状態によって変化するが、すべては神が与えたのぢゃ。現界同様、与えられているのぢゃと知らしてあろがな。

時間、空間もあるのであるが、ないのであるぞ。同じ状態にあれば同じ所に住み、変化すれば別の所に住むのであるぞ。見ようと思えば、念の中に出てきて、見ること、語ることできるのぢゃ。見まいとすれば見えんのぢゃ。自分で見、自分で語るのぢゃぞ。時、所、位、すべてが想念の中、想念のままに現れてくるのであるぞ。分かるように申すならば、時間も空間も映像であって、状態が変わるのみのことであるぞ。状態の本《もと》、本質は限りないから、無限であるから、自由であるから、霊界は無限、絶対、自由自在であるぞ。現界では、時間に順に得たものでも、心の中では時間に関係なく、距離に関係なく、一所へ並べられるであろうがな。心の世界で、時間、空間のない道理、これでよく分かるであろうがな。

五月八日

第二十六巻　黒鉄《くろがね》の巻　全三十九帖

自　昭和二十五年一月二十二日
至　昭和二十五年十月　十八日

第一帖　（六一九）

汽車あれば汽車に乗れよ。飛行機あれば飛行機に乗れよ。歩いたり、馬でゆくのでは間に合わんことになっているぞ。昔のままの宗教のやり方ではならん。根本はよくても、なかなかに目的地には着かん。飛行機時代には飛行機に乗れよ。乗って進む宗教の道によらねばならん。今は今の姿が真実ぞ。そなたの頭で割り切れんと申して、ブツブツ申すでないぞ。あるものそのものが真実であるぞ。そのあるものを拝み、祝福して、そこから出発せよ。現在を祝福することは、過去を、未来を、すべてを祝福することぞ。たとえ、いかなる現在も、その現在を祝福せねばならん。喜びせねばならん。喜び元と申してあろがな。

この巻、黒鉄《くろがね》の巻。

一月二十二日

第二帖　（六二〇）

一切に向かって涙せよ。懺悔《ざんげ》せよ。一切を受け入れ、一切を感謝せよ。一切が自分であるぞ。一切が喜びであるぞ。

一月二十二日

第三帖　（六二一）

理屈は一方的のものぞ。どんな理屈も成り立つが、理屈ほど頼りないもの、力にならんものないぞ。理が神の御《おん》働きぞ。よく見極めねば間違うぞ。囚《とら》われるなよ。

他のために苦労することは、喜びであるぞ。全体のために働くことは喜びぞ。光の命《いのち》ぞ。誰でも重荷負わせてあるのぢゃ。重荷あるからこそ、風にも倒れんのざ。この道理、涙で笑って汗で喜べよ。それとも重荷外してほしいのか。重い重荷もあるぞ。軽い重荷もあるぞ。今播《ま》いた種《たね》、今日や明日には実らんのざ。早く花が見たく、実が欲しいから焦るのぢゃ。人間の近欲《ちかよく》と申すもの。神の大道に生きて、実りの秋《とき》待てよ。播いた種ぢゃ。必ず実る。誰も横取りはせんぞ。万倍になって、そなたに返ると申してあろ。未来に燃えつつ、現在に燃えよ。神相手に悠々と天地に歩め。

一月二十二日

第四帖（六二二）

道は自分で歩まねばならん。自分の口で食べ物嚙《か》まねばならん。嚙みしめよ。蛆虫《うじむし》に青畳、苦の種《たね》ぢゃ。畳には、畳に座るだけの行してから座らなならん。命《いのち》は、ことぞ。ことは、みことぢゃ。みことは神の心であるぞ。喜びであるぞ。みことに生きよと申してあろ。ことあれば音あるぞ。音あれば色あるぞ。色あれば数あるぞ。善にも神の心あり、悪にも神の心がある。

一月二十二日

第五帖　（六二三）

＋《プラス》と－《マイナス》と和合せねばならん。ただの和合ではム（無《む》）になって力出んぞ。今までの和合のやり方ではならん。喜びの和合、溶け合う和合、・ある和合でないと、少しでも曇りありたら和合でないぞ。堪《こら》え堪《こら》えているのでは、和合でないぞ。今までの和合の仕方では、カスあるであろがな。悪の和合であるぞ。

筆腹に入れないで、御用難しいぞ。初めは目当て作って進まんと、行ったり来たり同じ道を堂々巡りぢゃ。摑めるところから摑んでゆけよ。拝んでゆけよ。統一した幸福こそ、富士晴れの幸福ぞ。

一月二十二日

第六帖　（六二四）

気づいたことから早う改めてくだされよ。とことんまで行って神がさすのでは、人間の面目ないから、人間同士でよくいたしくだされよ。ただありがたいだけではならん。仕事せねばならん。努力せねばならん。じっとしていては進めん道理ぢゃ。

明かり点《つ》けなければ闇《やみ》の世は歩けんぞ。それぞれの明かりとなれよ。油は筆ぢゃ。油尽きん。いくらでも明かり点けてくだされよ。

祭りから出直せよと申してあろ。結構に大き祭り、小さい祭り、まつろいてくだされよ。

神心《かみごころ》になれば、神ありやかに見えるぞ。

一月二十二日

第七帖　（六二五）

芽を出したから間引《まび》かなならん。筆読んで筆読まん人間と、筆腹に入り込んでもう大丈夫と神が見届けた人間と、間引くのであるぞ。腹に入った芽は間引いて他に植え替えるのぢゃ。読んで読まん者、間引いて肥料とするぞ。

わざわざ遠い所へお参りせんでも、自分の家《うち》に祭ってあるのぢゃから、それを拝めば同じことぢゃ、それでよいのぢゃと理屈申しているが、格の上の所へ求めてゆくのが仁義、礼儀と申すもの。キあれば必ずできるのぢゃ。

立て替えいたさずにゆけば、この世はゆくほど悪く詰まるのであるぞ。早う目覚めよ。祭りせねば真理は通らん。子供にまつろわねば、子供導けん道理。自分分かれば一切ありやか。

一月二十二日

第八帖　（六二六）

神の申すようにすれば神が守るから、何事も思うようにスラリスラリと心配なく出てくるぞ。区別と順をわきまえておれば、何様を拝んでもよい。時、所、位に応じて誤らねば弥栄えるぞ。同じ愛、同じ想念の者は、自ら集まって結ばれる。天国の形、映しが奥山ぞ。味噌も糞も一緒にしてござるぞ。

一月二十二日

第九帖　（六二七）

神心《かみごころ》には始めも終わりもないのぢゃ。すべてがあるのであるぞ。世界見よ。三千世界、よく見よ。すべてが一二三《ひふみ》ぢゃ。

他力の中に自力あるのぞ。自分ばかりでは成就せんぞ。足踏みばかり。

愛は愛のみでは愛でないぞ。真《しん》は真《しん》のみでは真《しん》でないぞと申してあろうが。まつり合わせて・入れて、愛となり真《しん》となるのぞ。愛のみ出ると悪となり、真《しん》のみ出ると偽となることあるぞ。偽りと悪とまつりて、善の働きすることあるぞ。心せよ。

一月二十二日

第十帖　（六二八）

難しいこと申さずに、平《ひら》とう説けと申してあろが。身魂《みたま》は上中下、三段。三段に分けて説いて聞かせねば、仕組遅れるぞ。初めは神様がしてくださるが、向上すると自分でせねばならん。いつまでも神を使っていてはならんぞ。

理解は真《しん》から、意志は善からであるが、今まではそれでよいと説いてきたが、いよいよ岩戸開《びら》きとなったのであるから、次の鍵《かぎ》渡すから、よく心得よ。今までの教えでは幻《まぼろし》ぞ。力ないぞ。まつり合わせて意志と働き、・入れて理解できるのであるぞ。まつりまつりと申してあろ。上のまつりぞ。幻とは人間知恵のこと。理屈のことぢゃ。理屈とは悪の学のことぢゃ。理でなければならぬ。

一月二十二日

第十一帖　（六二九）

学出すから、我《が》出すからゆき詰まるのぞ。生まれ赤子と申すのは、学も我《が》も出さん水晶のことぞ。練り直して澄んだ水晶、結構。

親の心分かったら、手伝いせねばならん。言われん先にするものぢゃと申してあろうが。いつまでも小便掛けていてはならんぞ。

人間は罪の子でないぞ。喜びの子ぞ。神の子ぞ。神の子なればこそ、悔い改めねばならんぞ。真《しん》なき愛の道、悲しみの喜びからも生まれることあるぞ。それは罪の子と申すのであるぞ。

一月二十二日

第十二帖　（六三〇）

次の御用は筆写すことぢゃ。筆写すとは筆を人間に、世界に写すことぞ。筆を中心とした世界の働きせよ。・通した人間の仕事仕え奉《まつ》れよ。筆、・とした世界作ることぞ。筆に囚われるから分からん。筆捨てて、仕事に筆生かして生活せよ。生活が筆ぢゃ。分かりたか。早う次の御用急いでくだされよ。

宗教に生きて、宗教に囚われるでないぞ。仕事が宗教ぢゃ。小さいことから始めよ。小乗の行と馬鹿にするでないぞ。小乗の行から大乗の真理を摑むのであるぞ。

一月二十二日

第十三帖　（六三一）

理屈で進んでゆくと、終《しま》いには、共食いから我《われ》と我《われ》を食うことになるぞ。

神様を真剣に求めれば、神様は人間様を真剣に導いてくださるぞ。結構に導いてくださるぞ。

悪を意志して善を理解すること、許さんぞ。悪を意志して善を理解せんとするのが、悪ぞ。善を意志して悪を理解せんとするのも、悪ぞ。悪を意志して悪を理解するところに、善としての悪の働き、生まれるのざ。幽界もまた神のしろしめす一面のこと。

一月二十二日

第十四帖　（六三二）

悪の総大将は奥に隠れてござるのぞ。一の大将と二の大将とが大喧嘩すると見せかけて、世界をワヤにする仕組、もう九分《くぶ》通りできているのぢゃ。

まことの理解に入ると宗教に囚われなくなるぞ。形式に囚われなくなるぞ。まことの理解に入らねば、まことの善も、まことの真《しん》も、まことの悪も、まことの偽りも分からんのぢゃ。今に岩戸開《ひら》いて明らかになったら、宗教要らんぞ。政治要らんぞ。喜びの歌高らかに、鳴門の仕組、富士にうつるぞ。

一月二十二日

第十五帖　（六三三）

人間を幸福にするのは、心の向け方一つであるぞ。人間はいつも善と悪との中にいるのであるから、善のみということもなく、悪のみということもない。内が神におりて外が人に和し、内が霊におり外が体に和せば、それでよいのぢゃ。そこに喜び生まれるのぢゃ。

神から出た教えなら、他の教えとも協力して、共に進まねばならん。教派や教義に囚われるは邪の教え。豚に真珠となるなよ。

天国の意志は人間の喜びの中に入り、幽界の意志は悲しみの中に入る。

一月二十二日

第十六帖　（六三四）

いよいよ表の守護と相成《あい》ったぞ。表の守護とは、善いものもなく悪いものもなく、ただ喜びのみの守護となることぢゃ。悪いもの悪くなるのは、表の守護でないぞ。心得なされよ。

一つの魂を得ることは、一つの世界を得ることぢゃ。人間は一人でないぞ。神は善人の中にも、悪人の中にも息しているぞ。悪なくては生きてゆけん。悪は悪でないぞ。外道の悪が悪であるぞ。

一月二十二日

第十七帖　（六三五）

霊ばかり良くてもならん。体ばかり良くてもならん。持ちつ持たれつの世であるぞ。分からんのは、我《われ》が偉いと思っているからぞ。

目覚めれば、その日その時から良くなる仕組、結構。楽し楽しで、どんな世でも過ごせるのが神の道。

智の中に悪を取り入れるゆとりのできんようでは、まこと成就せんぞ。智の中には、すべてを取り入れて理解できるようになっているのであるぞ。愛の中に悪入れてはならんぞ。

一月二十二日

第十八帖　（六三六）

目覚めたら起き上がるのぞ。起き上がらずにはおれまいが。神の命《めい》ずることは、ちょうどそのように人間にうつるのぞ。

霊眼で見たり霊耳で聞いたりすることは、間違い多いぞ。心せよ。

物に対しては、人間そのものが霊であるぞ。人間はこの世の神と申してあろが。物は人間の自由自在。偶像は排すべし。十像は拝すべし。

悪にゆく道はないぞ。道は善のみに通じているぞ。道なき所、進むでないぞ。

一月二十二日

第十九帖（六三七）

愛から離れた理解はないぞ。善から離れた真理はないぞ。種《たね》なくて芽は出ん道理。人間の知で分からんことは迷信ぢゃと申しているが、神界のことは神界で息せねば分からんのぢゃ。分からん人間ざから、何と申しても神を求めるより、いよいよになりたら道ないことぞ。

学に囚われて、まだ目覚めん気の毒がウヨウヨ。気の毒ぢゃなあ。人間は霊人の形代《かたしろ》になるからこそ、養われているのぢゃ。成長してゆくのぢゃ。

血は愛によって生き、愛は喜びによって生きるのぢゃ。喜びなきところに愛はないのざぞ。・ないところ、命《いのち》栄えんぞ。

一月二十二日

第二十帖　（六三八）

任せ切らねば、まことの安心立命ないぞ。任せ切るには、任せ切って安心できる神を摑まねばならん。お蔭《かげ》信心や病気治しの神では、任せ切れまいがな。早う合点、結構ぞ。大きな命《いのち》に通ずるものには、死はないぞ。通じなければ、死あるぞ。

一月二十二日

第二十一帖　（六三九）

身も心も嬉し嬉しとなるのがまことの神ぢゃ。物の嬉しさだけではゼロぢゃ。魂《たま》の嬉しさだけでもゼロぢゃ。よく心得なされよ。死後のみ説く宗教は、ゼロの宗教ぢゃ。迷うでないぞ。この世で天国に住めん者、天国にゆける道理ないのぢゃと申してあろ。神は人間の命《いのち》、人間は神の入れものであると申してあろ。人間の極まるところは、神であるぞ。霊人は中間の存在ぞ。人間は神への土台ぞ。この道理分かるであろが。

⊙は三五七ぞ。三の⊙から三五の⊙、三五七の⊙。

一月二十二日

第二十二帖　（六四〇）

顔まで変わっているのに、まだ気づかんのか。病気に皆がなっているのに、まだ気づかんのか。何事も早い改心、結構。

自分で自分の心の中は、なかなかに摑めんものであろがな。その中にまた心あり、また中に心があるのぢゃ。心は神界ぞ。霊界や神界のものを肉体の自分で摑もうとしてもなかなかぢゃ。鰻《うなぎ》摑みと申してあろが。ぬらりくらりと、摑んだはずが摑んでないぞえ。摑むには、身と魂と一つに和せねばならん。・から愛と智とが生まれると申してあろが。智と愛との和合によって、・がまた生まれるのぢゃ。・は喜びであるぞ。・の別の・であるぞ。その・からまた別の愛と智が生まれ、また別の・が喜びとなり、その喜びの愛と智の喜びと結んで、また喜びの・生まれるのぢゃ。

神は額から入って顔全体に至り、全身に及ぶものであるぞ。

一月二十二日

第二十三帖　（六四一）

何事も体験、結構。今の人民の迷信と思うものの中に、正信あるぞ。正信と思うものの中に、迷信多いぞ。理解は正信。

神のキ通うたら、そのキを人間にうつす御《お》役《ん》、救いの御《お》役《ん》を結構に務めあげてくれよ。

自分の自由にならんことは、大き自分が自由にしているのであるぞ。神となれば、神人となれば、何事も心のまま。神とは神、大神とは神人のこと。

一月二十二日

第二十四帖　（六四二）

悪とは影のことであるぞ。斜めに光をいただくから、影できるのぢゃ。影は主人でないぞ。

絶対は何と申しても絶対ぞ。相対から神を求めると、相対の神が現れるぞ。相対で神の道に導くことなかなかぢゃ。必ず後戻り、分かりはせんぞ。

この筆、腹に入ったらグレンと変わりてくるぞ。早う腹に入れてくだされよ。間に合わん。

天の声は内から聞こえてくる。人間の言葉は外から聞こえてくる。霊耳と申すのは内からぞ。耳塞《ふさ》いでも聞こえてくるのぢゃ。

悪霊自身は自身を悪と思うてないぞ。

一月二十二日

第二十五帖　（六四三）

心は草にも木にも石にもあるぞ。天に瞬《またた》く星にもあるぞ。ただ薄いか厚いかの相違であるぞ。

・の中の・に悪は入れんのであるぞ。外の・の中に、外の智の中に悪が入るのぢゃ。人間の智の中には、悪も善も入るぞ。入るからこそ、これは善ぢゃ、これは悪ぢゃと分かるのぢゃ。人間の自由は、そこにあるのぢゃ。自由なければ発展ないぞ。弥栄ないぞ。

霊を信ずる者は霊と語り、肉を信ずる者は肉と語り得るのぢゃ。人間そのものから湧き出《い》づる喜びはないぞ。よく心得なされよ。

一月二十二日

第二十六帖　（六四四）

神は理屈ではない。理であるぞ。生きた自由自在の、見当取れん、絶対であるぞ。ただ求めるよりほかに道ないぞ。親呼ぶ赤子の声で神を求めよ。神に呼びかけよ。すべてを投げ出せよ。任せ切れよ。神は喜びの光となって、そなたに現れてくるぞ。理屈の信仰に囚われると邪道。赤子心《ごころ》の理解は第一ぞ。

一月二十二日

第二十七帖　（六四五）

神は人間の想念の中に入っているのぢゃ。想念が一致するから、神の想念が人間に伝わるのぞ。人間の言葉となって、人間に現れる。言は神であるが、人間でもあるぞ。自分が自分に語るのであるぞ。この道理、よく心得なされよ。時待ちて起き出てくだされよ。恨みの霊はなかなかに解けんぞ。思いは働き、実在と申してあろが。間違いでも恨まれると、恨みがまといつくぞ。心して神を求め、心して幽界からのキ断ちてくだされよ。分かったと思うたら天狗《てんぐ》ぞ。省みると良くなる仕組。

一月二十二日

第二十八帖 （六四六）

喜びに溶け入るから嬉しいのぞ。喜びから遠ざかるから悲しいのぞ。そんなこと分かっていると申しているが、本当に体に分かっていまいぞ。喜びに入る門は、愛からぢゃ、真《しん》からぢゃ。二道あるなれど、愛から入るのが入り易いが、愛からでは誤り易い。

生まれてすぐ歩けるものでないぞ。初めから何もかもできるものでない。気長に進んでゆけよ。

内の念と外の念とあるぞ。二つであるぞ。一つであるぞ。三つであるぞ。心大きく、広く天地に放さねば、天地のキを吸うことできんぞ。

一月二十二日

第二十九帖（六四七）

運命は自由自在のものではあるが、また強いるものでもあるぞ。大きくも、小さくも、薄くも、厚くも、その人の心次第に変わるぞ。本《もと》は霊界にあるからぞ。嬉し嬉しで運命を迎える気、結構ぞ。

この世のことだけで、この世のこと動かんぞ。霊界との関係によって、この世が動いている道理、分からねばならん。早う神の心に、神意悟れよ。遠慮いらん。何事も天から出てくるのぢゃ。天からとは、心からのことぢゃ。

一月二十二日

第三十帖　（六四八）

表ばかり見ているから分からんのぢゃ。水晶の心になれば、三千里先のこともありやか。人民というものは、奇跡見ても、病気になっても、なかなか改心できんものぢゃ。死後の生活がはっきり分かっても、まだ改心できんのぢゃ。それは、外からのものであるからぢゃ。まことの改心は、中の中の・のキいただいて、本根《ほっこん》の改心できねばならん。

死後の生活知らすことはよいなれど、それのみによって改心せよと迫るのは悪のやり方。奇跡を見せ、病気を治してやるのもよいのぢゃが、それのみによって改心を迫ってはならん。それのみで道を説いてはならんぞ。そんなことくらいでまことの本根《ほっこん》の改心ができるならば、人間は遠《とお》の昔に改心してござるぞ。今までのような宗教は亡びると申してあろが。亡びる宗教にいたしてくださるなよ。

一月二十二日

第三十一帖　（六四九）

中の自分と外の自分と和せよ。それが改心の第一歩。聞かせて聞くならば、実地は型の型くらいで済むなれど、欲入ると邪気湧く、邪気湧くと邪霊集まるぞ。

肉体人に神は直接分からんものぞ。神は働き。神の働きの影しか分からんものぞ。神の姿見たと申すのは、神の姿の影を、自分の心に描き出したまでであるぞ。心に分かっても、肉体に分かるものでないぞ。肉を魂とせよ。魂を魂の魂と向上させよ。開《ひら》けくるぞ。

何事も咎《とが》むでないぞ。咎む心、天狗《てんぐ》ぞ。神の前にへりくだり、へりくだっても、なお過ぎるということないのぢゃ。人間は、色とりどり、それぞれの考え方を自由に与えてあるのざから、無理に引っ張ったり、教えたりするでないぞ。今あるもの、今生きているものは、たとえ極悪ざと見えても、それは許されているのであるから、あるのであるぞ。他を排すでないぞ。

一月二十二日

第三十二帖　（六五〇）

祈りとは意が乗ることぞ。霊の霊と、霊と、体と合流して、一つの命《いのち》となることぞ。実力であるぞ。想念は魂。魂は霊であり、霊の世界に属し、霊に生きるのであるぞ。ものは霊につけられたもの。霊の霊は、霊につけられたものであるぞ。ものにはものの命《いのち》しかない。まことの命《いのち》は霊であるぞ。命《いのち》の元の喜びは、霊の霊であるぞ。霊の霊が主ざと申してあろ。奥の奥の奥の・は、大神に通ずる・であるぞ。喜びであるぞ。・あるために人間となり、人間なるがゆえに神となり、神なるがゆえに喜びであるぞ。他の生き物にも・はあれど、外の・であるぞ。

旧九月八日

第三十三帖　（六五一）

神が映らぬと申しているが、心を柔らかくして任せ切れば、刻まれるぞ。平《たい》らにすれば正しく映り、凸凹《でこぼこ》すれば曲がって映る。神の前に硬くなってはならぬ。

人間は肉体を持っている間でも、その霊は、霊の国に住んでおり、霊の霊は、霊の霊の世界に住んでいるのであるぞ。この道理、よくわきまえよ。

愛は脈打っているぞ。真《しん》は呼吸しているぞ。肉体にあっては、肺臓は呼吸し、心臓は脈打つ。この二つが一つであって、肉体を命《いのち》する。喜びと三つが一つであるのぞ。霊にあっては、霊の心臓、霊の肺臓、喜びあるぞ。

旧九月八日

第三十四帖　（六五二）

祈りは弥栄であり、限りない生活であるぞ。命《いのち》の息であるぞ。祈りからすべてのもの生まれるぞ。まことの喜びの祈りからは・が命《いのち》し、影の祈りからは○が命《いのち》するぞ。人祈れば神祈り、人為せば神なる道理ぢゃ。

禁欲は神の御旨《み》でないぞ。欲を浄化して、生めよ、産めよ。今の人民、欲の聖化を忘れてござるぞ。欲は無限に広がり、次々に新しきもの生み出すぞ。欲を導けよ。

自分だけならば五尺の体、五十年の命《いのち》であるが、霊を知り、宇宙の意志を知り、神に溶け入ったならば、無限大の体、無限の命《いのち》となるぞ。まことの嬉し嬉しの喜びとなるのであるぞ。

旧九月八日

第三十五帖　（六五三）

キが至れば、物が至る。物を求める前にキを求めよ。目当てなしに歩いたとて、くたびれ儲《もう》けばかり。人生の目当て、ゆく先の見当てつけずに、その日暮らしの、我《われ》よしの世となり下がっているぞ。目当ては⊙の・でないか。・に向かないでウロウロ、草木よりなり下がっているでないか。為すとは祈ること。人のために祈るは、己のために祈ること。今の人民、祈り足らん。

旧九月八日

第三十六帖　（六五四）

天界にゆく門は輝き、幽界にゆく門は闇《やみ》であるぞ。闇の門は閉ざされ、光の門は開《ひら》かれているぞ。天界は昇り易く、幽界には落ちにくいぞ。

神と金と二つに仕えることはできん、そのどちらかに仕えねばならんと今までは説かしていたのであるが、それは段階の低い信仰であるぞ。影しか分からんから、時節が来ておらんから、そう説かしていたのであるが、この度、時節到来したので、まことの道理説いて聞かすのぢゃ。神と金と共に仕え奉《まつ》るとは、肉と霊と共に栄えて、嬉し嬉しとなることぞ。嬉し嬉しとはそのことであるぞ。神と金と二つとも得ること、嬉しいであろうがな。その次には、霊の霊とも共に仕え奉《まつ》れよ。まつれるのであるぞ。これがまことの正しき道であるぞ。

今までの信仰は、どこかに寂《さび》しき、もの足りなさがあったであろうが。片親がなかったからぞ。天に仕えるか、地に仕えるかであったからぞ。この道は天地《あめつち》の道ざと知らしてあろうがな。清くして富むのがまことぢゃ。地も富まねばならんのぢゃと申してあろうが。これから先は、金儲けばかりもできん。今までのような神信心ばかりもできん。神の道を進む者は、嫌でも金が貯まるのぢゃ。金が貯まらねば、深く省みよ。道に外れてござるぞ。人は罪の子でない、喜びの子ぞ。

旧九月八日

第三十七帖　（六五五）

宇宙は人間の心のままと申してあろが。宇宙は未完成のものと申してあろが。永遠に未完成であり、弥栄であるぞ。そこに命《いのち》あり、喜びあるのぢゃ。大神の中で、宇宙は成り成りているのであるから、なり、永遠になるのであるぞ。不変の中に千変万化、自由自在の存在を与えてあるのぢゃ。

旧九月八日

第三十八帖　（六五六）

人間の死後、自分の命《いのち》の最も相応《ふさわ》しい状態におかれるのであるぞ。悪好きなら悪の、善好きなら善の状態におかれるのであるぞ。皆々、極楽ゆきぢゃ。極楽にもピンからキリまであるぞ。神の旨《むね》に添う極楽を天国といい、添わぬ極楽を幽界と申すのぢゃ。心の世界を整理せよ。そこには無限のものが、無限にあるのであるぞ。神の道が分かれば、分かっただけ自分が分かる。
目出度《めでた》さの九月八日のこの仕組溶けて流れて世界一つぢゃ
白銀《しろがね》、黒鉄《くろがね》、これで終わり。
旧九月八日

第三十九帖　（六五七）

ひふみ神言
ひふみゆらゆら
ひふみゆらゆら　ひふみゆらゆら
ひふみゆらゆら　ひふみゆらゆら　ひふみゆらゆら

あめつちの数歌

ひとふたみよいつむゆななやここのたり
ひとふたみよいつむゆななやここのたり
ひとふたみよいつむゆななやここのたりももちよろず

ひふみ祝詞《のりと》（〇印拍手）

〇〇〇〇〇〇〇〇〇〇〇〇〇〇〇〇〇〇〇〇
ひふみ　よいむなや　こともちろらね
〇〇〇〇〇〇〇〇〇〇〇〇〇〇〇〇
しきる　ゆゐつわぬ　そをたはくめか
〇〇〇〇〇〇〇〇〇〇〇〇〇〇〇〇〇〇〇〇
うおえ　にさりへて　のますあせゑほれけ

いろは祝詞（〇印拍手）

〇〇〇〇〇〇〇〇〇〇〇〇〇〇〇〇〇〇〇〇

いろは　にほへとち　りぬるをわかよ

〇〇〇〇〇〇〇〇〇〇〇〇〇〇〇〇〇

たれそ　つねならむ　うゐのおくやま

〇〇〇〇〇〇〇〇〇〇〇〇〇〇〇〇〇〇〇〇〇

けふこ　えてあさき　ゆめみしゑひもせすん

アイウエオ祝詞

ン⃝㋒アイウエオ　カキクケコ　サシスセソ　タチツテト　ナニヌネノ

ハヒフヘホ　マミムメモ　ヤヰユヱヨ　ラリルレロ　ワヰウヱヲ㋒ン⃝

第二十七巻　春の巻　全六十帖

自　昭和二十七年旧一月　一日
至　昭和二十七年　二月十五日

第一帖（六五八）

新しき御世《み》の始めの辰《たつ》の年皇大神《すめおおかみ》の生まれ出《い》で給《たま》いぬ

皆々、御《ご》苦労ながらグルグル回って初めからぢゃと申してあろが。初めの初めと初めが違うぞ。皆、初めヒからぢゃ。赤子になりて出直せよ。腹で見、腹で聞き、腹で話せよ。腹には間違いないのぢゃ。祈りばかりでは祈り地獄。

神から光いただけるように道つけねばならん。水は低きに流れるぞ。喜びに適《かな》う心、喜びの行あるところ、喜び来るのぢゃ。喜びにも正しきと曲がれるとあるぞ。無限段階あるのぢゃ。心して迷わんようにいたしくれよ。ここは光の道伝え、行う所。教えでないと申してあろ。教えは教えに過ぎん。道でなくては、今度はならんのぢゃ。天の道、地の道、諸々の道。型早う急ぐぞ。教えは局部的。時、所で違うのぢゃ。迷信となるぞ。腹が神であるぞ。

第二帖　（六五九）

神人《かみひと》と申すのは、神の弥栄のため、世の弥栄のため、祈り、実践する人のことであるぞ。神のため祈れば神となり、世のため祈れば世と一体となるのぢゃ。自分のためばかりで祈れば迷信、我《われ》よしの下の下ぞ。

誰でも霊懸《れいがか》りであるぞ。石でも木でも土でも霊懸《れいがか》りぞ。これは一般神懸《かみがか》りであるぞ。特別神懸《かみがか》りは、神の御《おん》力を強く深く集める行がいるのぢゃ。九分《くぶ》通りしくじるのぢゃ。太陽の光集めること、知っているであろうが。神の道をより良く、より高く集める道が、まことの信仰であるぞ。道であるぞ。世迫って、霊《れい》懸《がか》りがウヨウヨ出ると申してある時、来ているのぢゃ。悪神懸《かみがか》りに迷うでないぞ。審神者《さにわ》せよ。外は嘘が多いぞ。内の声、嘘ないぞ。

旧元旦　　日津久神

第三帖　（六六〇）

掛けまくも畏《かしこ》み極み国土《くにつち》の　清《すが》の中なる大清み
清みし中の清らなる　清き真中の喜びの
その真中なる御《み》光の　そが御《み》力ぞ綾によし
常立《とこたち》まし大国《おおくに》の　常立大神豊雲野《とこたちおおかみとよくもぬ》
豊《とよ》の大神瀬織津《せおりつ》の　姫の大神速秋《はやあき》の
秋津姫神《あきつひめかみ》伊吹戸《いぶきど》の　主《す》の大神速々の
佐須良姫神《すせらひめかみ》これやこの　大日月地皇神《おおひつきくにすめかみ》の
御前《みまえ》畏み謹みて　うなね貫き白《もう》さまく
ことのまことを伊ゆく水　流れ流れて月速み
いつの程にやこの年の　冬も呉竹《くれたけ》一《ひと》夜《よさ》の
梓《あずさ》の弓の今とはや　明けなん春の立ち初《そ》めし
真玉新玉喜びの、神の御稜威《みいづ》につらつらや

思い浮かべば天地《あめつち》の　始めの時に大御親《おおみおや》
国常立《くにとこたち》の大神伊　三千年《みちとし》またも三千年《みちとし》の
またも三千年《みちとし》憂きに瀬に　忍び堪《た》えまし波風の
その荒々し海神《わたつみ》の　塩の八百路の八汐路の
汐の八穂合い洗われし　孤島の中の籠《こも》らいし
籠り給《たま》いて畏《かけま》くも　この世構いし大神の
時巡りきて一筋《ひとすじ》の　光の御《み》世と出《い》でませし
目出度《めでた》き日にぞ今日の日は　御前《みまえ》畏み御饌御酒《みけみき》を
捧げ奉《まつ》りて海山野《ぬ》　種々珍《くさぐさうず》の貢物《みつぎもの》
供え奉《まつ》りてかごじもの　膝折り伏せて大祭り
奉《まつ》り仕えん奉《まつ》らまく　生きとし生けるまめ人の
ゆくりあらずも犯しけん　罪や穢《けが》れのあらんをば
祓戸《はらえど》にます祓戸《はらえど》の　大神達と相共《あいとも》に
ことはかりまし神直日　大直日にぞ見い直し

聞き直しまし祓《はら》いまし　清め給いて清々《すがすが》し
清《すが》の御民《み》と聞こし召し　相諾《あいうべな》いて給えかし
給われかしと味物《ためつもの》　百《もも》取り更に百取りの
机の代《しろ》に足らわして　横山の如波《ごと》の如
伊盛栄ゆる大神の　神の御前《みまえ》に奉《まつ》らまく
こいのみまつる畏みて　奉《まつ》らく白《もう》す弥次々に
新玉《あらたま》の玉の御年《みとし》の明け初《そ》めて罪も穢《けが》れも今はあらじな
節分の祝詞《のりと》であるぞ。太祝詞《ふと》せよ。いよいよの年、立ち初《そ》めたぞ。嬉し嬉しの御世《み》来るぞ。
一月の三十日
日津久神

第四帖　（六六一）

⦶が喜びであるぞ。⊖も喜びであるぞ。喜びにも三つあるぞ。⦶は表、⊖は裏、表裏合わせて⊕ぞ。⊕は神であるぞ。神であるなれど、現れの神であり、現れの喜びであるぞ。⊕の元が⊙であるぞ。キであるぞ。元の元の大元の神であるぞ。△《ム》であるぞ。△《ム》から▽《ウ》生まれ、▽《ウ》から△《ム》生まれるぞ。同じ名の神、二つあると申してあろが。表の喜びが、・、愛、真《しん》、善、美となり現れ、裏の喜びからは、○、憎、偽、悪、醜が現れるのぢゃ。喜びが神ぢゃと申して、裏の喜びではならんぞ。今の人民の喜びと申すのは、裏の喜びであるぞ。悲しみを喜びと取り違えているぞ。

　この巻、春の巻。細かに説いて、分かり易く説いて聞かすぞ。分ければそれだけ小さくなるなれど。

第五帖　（六六二）

人民栄えてゆくことは、神、弥栄のことぞ。神も人民も世界も宇宙も、すべていつまでも未完成ぞ。

神様でも、大神様は分からんのであるぞ。

ただ喜びに向かって、ひたすらに進んでゆけばよいのであるぞ。正しき喜びをまず見極めよ。見極めて、ひたすらに進めばよいのぢゃ。食べ物を食べるのも喜びであるぞ。正しき食べ物、正しく食べよ。更に喜び増えて弥栄えるのぢゃ。自分の喜びを進め進めて、天国へ入ることできるのぢゃ。悪い食べ物、悪く食べるから、悪くなるのぢゃ。目に見える食べ物ばかりでないぞ。何もかも同様ぞ。人民は喜びの子と申してあろ。罪の子でないぞ。嬉し嬉しの道あるに、なぜ歩まんのぢゃ。

第六帖　（六六三）

喜びが、・、真《しん》、善、美、愛と現れ、それがまた喜びとなり、また・、真、善、美、愛となり、また現れ、限りないのぢゃ。喜びの本体はあの世、現れはこの世。あの世とこの世合わせて、真実の世となるのぞ。あの世ばかりでも片輪、この世ばかりでも片輪。まこと成就せんぞ。あの世とこの世と合わせ鏡。神はこの世に足をつけ衣とし、人はあの世を⦿として、心として命《いのち》しているのぢゃ。神人と申してあろがな。この道理、よくわきまえよ。この世にあるものの命《いのち》は、あの世のもの、あの世の命《いのち》の衣はこの世のもの。くどいようなれど、このこと腹の中に得心なされよ。これが得心できねば、どんなに良いことをしても、まこと申しても、何もならん、泡沫《うたかた》ぢゃぞ。時節来たのぢゃから、今までのように一方だけではならんぞよ。

第七帖　（六六四）

こと分けて書きおくから、迷わんように、人民の道歩んでくれよ。何もかも嬉し嬉しとなる仕組。人民に禍《わざわい》ないのぢゃ。不足ないのぢゃ。いつも楽し楽しの歌で暮らせる仕組ぢゃぞ。と申しても、心で分かっても、今の人民には分かるまいから、更にこと分けて、細かに説いて聞かすぞ。道しるべを作りおくぞ。これが喜びの道ぢゃ。人民の命《いのち》を正しく育てることが、一番の喜び。人民と申すものは、神の喜びの全き現れであるぞ。いくら穢《けが》れても元の神の根元、神のキを受けているぞ。それを育てることぢゃ。導くことぢゃ。死なんとする人助けるのも、その一つぢゃ。宿った子殺すことは、人民殺すことぢゃ。今の人民、九分九厘《くぶくりん》は死んでいるぞ。救え、救え、救え。お蔭《かげ》は取り得ぢゃ。生かせよ、生かせよ。生かす道は筆読むことぢゃ。

第八帖　（六六五）

人民を褒《ほ》めること、良いことぢゃ。褒めて、その非を悟らせよ。罪許すことぢゃ。もの生かすことぢゃ。生かして使うことぢゃ。筆広めることぢゃ。やってみなされ。必ず嬉し嬉しとなるぞ。栄えるぞ。嬉しくなかったら、神はこの世におらんぞよ。

筆は一本道ぢゃ。初めからの筆読んで、よく読んでみなされ。何もかもはっきりしてくるぞ。筆写してくだされよ。世界に写すこと、喜びぞ。地に天国写すことぞ。難しいことないぞ。今の裏のやり方、引っ繰り返して表のやり方すれば、それでよいのぢゃ。裏は裏として生きるのぢゃぞ。

金は使うもの。使われるものでないこと、よく分かっておろが。御《ご》苦労のこと、やめなされよ。

第九帖　（六六六）

人民には分別与えてあるから、反省できるのであるぞ。反省あるから、進展するのであるぞ。放っておいても、要らんものはなくなり、要るものは栄えるのであるが、人民の努力によっては、より良くなるのぢゃ。省みねば、生まれた時より悪くなると申してあろうが。

欲、浄化して喜びとせよ。喜び、何からでも生まれるぞ。広い世界に住めば広く、深い世界に住めば深く向上する。物の世界から霊の世界へ、無限の世界へ入るから、無限の命《いのち》が与えられるのぢゃ。無限の喜び得ることできるのぢゃ。無限世界とは、物と霊との大調和した、限りなき光の世界ぞ。真理を知ることが、無限を得ること。まことの神を掴むことぞ。

良いもの作るには、大き手数掛かるのぢゃ。懐手《ふところで》でいてはできん。手出せ、足出せよ。

第十帖　（六六七）

一切のものは◎《うず》であるぞ。同じこと繰り返しているように、人民には世界が見えるであろうなれど、一段ずつ進んでいるのであるぞ。木でも草でも同様ぞ。前の春と今年の春とは、同じであって違っておろがな。ゆき詰まりがありがたいのぢゃ。進んでいるからこそ、ゆき当たり、ゆき詰まるのぢゃ。省みる時、与えられるのぢゃ。悟りの時、与えられるのぢゃ。

ものは、放すからこそ摑めるのぢゃ。固く握って、戸閉めていてはならんのう。扉開《あ》けておけと申してあろが。着物脱いで裸体となること、辛いであろなれど、脱がねば新しい着物着られんぞ。裸になってぶつかれよ。神々様も、裸になってそなたを抱いてくださるぞよ。重い石載せた沢庵《たくあん》は旨いのであるぞ。

第十一帖　（六六八）

内の自分は神であるが、外の自分は先祖であるぞ。祖先疎《おろそ》かにするでないぞ。先祖祭ることは、自分を祭ることとぞ。外の自分と申しても、肉体ばかりでないぞ。肉体霊も外の自分であるぞ。

信じ切るからこそ、飛躍するのぎゃぞ。不信に進歩弥栄ないぞ。任せ切るからこそ、神となるのぢゃ。神に通ずるのぢゃ。他力で自力であるぞ。真剣なれば、百年経っても同じ所、ウヨウヨぢゃ。一歩も進まん。進まんことは遅れていることぞ。真剣なれば、失敗してもよいと申してあろが。省みることによって、更に数倍することが得られるのであるぞ。いい加減が一旦成功しても、土台ないから泡沫《うたかた》ぢゃ。下座の行、大切。

第十二帖　（六六九）

なくて七癖、七七、四十九癖。悪い癖、直してくだされよ。天国へゆく鍵ぞ。直せば直しただけ、外へ響くものが変わってくるぞ。良くなってくるぞ。変わってくれば、外から来るもの、自分に来るもの、変わってくるぞ。良くなってくるぞ。幸《さち》となるぞ。喜び満ち満つぞ。神満ち満ちて、天国ぢゃ。

一升桝《しょうます》持ってきて一斗《と》入れよと人民申しているが、神は一斗も二斗も入れてやりたいなれど、一升桝には一升しか入らん。大き桝持ってこい。いただくには、いただくだけの資格いるぞ。一歩ずつ進め。一歩ずつ絶えず進めよ。それよりほかに道はないのぢゃ。

第十三帖　（六七〇）

自分は良いが、世の中が悪いのぢゃと申しているが、その自分、省みよ。自分が神の道にあり、真実であるならば、世の中は悪くないぞ。輝いているぞ。自分に振りかかってくる一切のものは、最善のものと思え。いかなる悪いことも、それは最善のものであるぞ。この道理、よくわきまえてくだされよ。真の神を理解すれば、一切の幸福、得られるのぢゃ。世を呪うことは、自分を呪うこと。世間や他人を恨むことは、自分を恨むこと。このこと悟れば、一切はそこから開《ひら》けくるぞ。

十のもの受けるには、十の努力。

第十四帖（六七一）

どんな草でも木でも、その草木でなければならん御用あるぞ。だから生きているのぢゃ。その働き、御用忘れるから苦しむ。ゆき詰まる。御用忘れるから、亡びるのぢゃ。個人は個人の、一家は一家の、国は国の御用がある。御用大切、御用結構。日本が変わって世界となったのぢゃ。

自分のためばかりの祈りには、自分だけの神しか出てこない。悪の祈りには、悪の神。善の祈りには、善の神。初めの間はなかなか分からんものぢゃ。神様のなされる真似から始めてくだされよ。

第十五帖　（六七二）

思うようにならんのは、天地の弥栄、生成化育に預かって働いていないからぞ。今の世界のゆき詰まりは、世界が世界の御用をしてないからぢゃ。筆読めよ。一二三《ひふみ》、世界に写せよ。早う写せよ。早う写せよ。人間の知のみでは、世界は良くならん。裏側だけ清めても、総体は清まらん。神に目覚めねばならん。愛にも、内のものと外のものとがある。愛と申せば何でもよいと思うていてはならん。愛の悪もあるぞ。すべてこのとおりぢゃ。

上の、より高い所から来るから、奇跡と見え、偶然と見えるのぢゃ。神からの現れであるから、その手順が分からんから、偶然と見えるのぢゃぞ。偶然の真理、悟れと申してあろ。これが分かれば、大安心、立命。

第十六帖　（六七三）

あなた任せ、良い妻と申してあろうが。神任せが良い人民であるぞ。この神と認めたら、理解して任せ切れよ。大元の神様に惚れ参らせよ。まことの信仰の第一歩ぞ。

雨降《ふ》らば雨を、風吹けば風を、一《ひと》まず甘受せよ。甘受した後、処理してゆかななならん。受け入れずに跳ね返すのは、大怪我のもと。何回でも何回でも、同じこと繰り返さねばならんことになるぞ。何か迫りくるのは、何か迫りくるものが自分の中にあるからぞ。内にあるから外から迫るのぢゃ。自分で呼び寄せているのぢゃ。苦しみの神、因果の神呼んでおいて、不足申している者、多いのう。自分で呼び寄せながら、嫌がって跳ね返す手、あるまいにのう。同じものでも、表からと裏からとでは違うのぢゃ。同じ目で見ても、違って映るのぢゃ。心得よ。

第十七帖　（六七四）

希望は、愛の現れの一つ。どんな時、どんな人にも与えられているのぢゃ。希望に燃えつつ、現在を足場として生きよ。呼吸せよ。同じこととしていても、希望持つ人は栄え、希望なき人は亡びる。希望は神ぞ。アイウエオからアオウエイの世に移ってくるぞ。アオウエイの世が天国ぢゃ。用意はよいか。今の世は道具ばかりぢゃ。使う人民、早う作れよ。

第十八帖　（六七五）

使命が命《いのち》。上から、神から命ぜられたことが命《いのち》ぞ。使命は創られた時に与えられる。使命なくて、ものは生まれんぞ。自分の使命は、内に聞きつつ外に聞けよ。使命果たすが喜びぞ。使命果たすには、命《いのち》懸けでなくてはならん。命《いのち》ぢゃからのう。努力した上にも、せなならんぞ。努力には苦もあるぞ。苦のない努力ないぞ。右を動かせば、左も動くぞ。果たせば苦は楽、果たさねば楽も苦。重荷あるからこそ、苦あるからこそ、風にも倒れんのぢゃ。神が主であるぞ。

第十九帖　（六七六）

小乗の行と馬鹿にするでないぞ。理屈で神を割り出したり、算盤《そろばん》で弾き出したり、今の鼻高さんはしているなれど、どこまで行っても分かりはせんぞ。土耕す祈りに、神の姿現れるぞ。

止《とど》まってはならん。いつも弥栄弥栄に動いてゆかななならん。大中心に向かって進まねばならん。途中には途中の、大には大の、中には中の、小には小の中心はあるなれど、ゆく所は一つぢゃ。ぢゃと申して、小の中心を忘れてはならん。神は順であるぞ。まず小の神から進んでゆけよ。

本当のこと知るには、本当の鍛錬いるのぢゃ。棚からぼた餅食っていては、段々痩せ細るのみ。鍛えよ、鍛えよ。鍛えればこそ、光出てくるのぢゃ。

第二十帖　（六七七）

他力の中の自力ぢゃ。ぢゃと申して、任せ切ったと申して、懐手《ふところで》ならん。自力大切ぢゃ。祭りは常住坐臥《じょうじゅうざが》にあるぞ。拝むばかりではならん。拝む祭りは祭りの型ぢゃ。型から入るのが入り易いが、この程度の境地では、戒律要るぞ。型に囚われてはならん。戒律の世界にいつまでもいてはならん。十年経てば十歳になるぞ。恩、知らねばならん。恩に報いなければならんぞ。人民、天地の恩忘れているから、喜び少ないのぢゃ。ものの順序わきまえねばならん。悪平等ならん。政治や経済は裏、二義的のもの。

第二十一帖　（六七八）

大日月地大神《おおひつきくにのおおかみ》としてのこの神は一柱であるが、働きはいくらでもあるぞ。その働きの名が諸々《もろもろ》の神様の名ぢゃ。無限であるぞ。この方《ほう》、一柱であるが、無限柱ぞ。すべてが神であるぞ。一神ぢゃ、多神ぢゃ、汎神《はんしん》ぢゃ。すべてが神ぢゃ。喜びぢゃ。初めから全体を摑もうとしても、それは無理と申すもの。手でも足でもよい、どこでもよいから、摑めるところから摑んでござれよ。段々分かってくるぞ。全体を摑むには、全体と同じにならねばならん。その人民人民の摑めるところから摑んで参れよ。この方《ほう》、抱き参らせてやるぞ。

祭りから出直せよ。天地見よ。大きまつりいたしておろがな。霊と肉のまつり第一。頭と腹のまつり結構。夫婦のまつり、出船の港ぢゃ。

奥から来るものは喜びぢゃ。念ぢゃ。力の元ぢゃ。生きの命《いのち》ぢゃ。神様には腹を向けなさい。

第二十二帖　（六七九）

宇宙のすべては、この神の現れであり、一面であるから、そのどこ摑んで拝んでもよいのである。そのどこ摑んで、縋《すが》ってもよいのであるぞ。水の流れも宗教ぞと申してあろ。すべてに神の息、通うているぞ。一本の箸拝んでもよいのぢゃが、ちゃんと目当て、良い目当て、決めねばならん。

内の自分に火点《つ》けよ。心暗くては何も分からん。世の中は暗う見えるであろ。真っ暗に見えたら、自分の心に光ないのぢゃ。心せよ。自分光れば、世の中明るいぞ。

より上のものから流れてくるものにまつりてゆくこと大切ぢゃ。それが祭りの元。それが宗教ぢゃ。宗教は生活ぢゃ。生活は宗教ぢゃ。裏と表ぢゃ。

第二十三帖　（六八〇）

順と区別さえ心得ておれば、何様を拝んでもよいと申してあろが。日の神様ばかりに囚われると分からんことになるぞ。気つけおくぞ。それでは道にならん。父だけ拝んで、母拝まんのは親不孝ぞ。お蔭《かげ》ないぞ。お蔭あったら邪《よこしま》のお蔭と心得よ。手だけ尊んではいかん。足だけ尊んでもいかん。一切に向かって感謝せよと申してあろが。門も潜《くぐ》らず玄関も通らずに、奥座敷にはゆかれん道理。順序を馬鹿にしてはならんぞ。いつまで門に立っていても何もならん、お出直しぢゃ。川がなければ、水流れん道理。初めは型踏んでゆかなならんぞ。

二月三日

日津久神《ひつくのかみ》

第二十四帖 （六八一）

自分捨てて他力なし。人民なくてこの世の仕事できん。人民は道具ぢゃ。神は心ぢゃ。元ぢゃ。元だけではならん。道具だけでならん。

大神は一切を幸《さき》し、一切を救い給《たま》うのであるぞ。一切が神であり、一切が喜びであるぞ。

その人民に巡りなくしても、巡り負うことあるぞ。人類の巡りは、人類の誰かが負わねばならん。一家の巡りは、一家の誰かが負わねばならん。果たさねばならん。善人が苦しむ一つの原因であるぞ。神の大きな恵みであり、試練であるぞ。分かりたか。

愛するものほど、その度が濃いほど、魂が入っているのぢゃ。先祖が大切していたものは、大切せねばならんぞ。現界のみの理屈は通らんぞ。とんだ目に遭《あ》うぞ。気つけおくぞ。念じてから行え。

第二十五帖　（六八二）

局部的に見るから分からんのぢゃ。文字書くのは心であるが、心は見えん、手が見えるのぢゃ。手見るはまだよい方ぢゃ。筆の先だけしか見えん。筆が文字書いていると申すのが、今の人民の考え方ぢゃ。筆が一番偉いと思うてござるのぢゃ。信仰に入った初めはよいが、途中から分からなくなるのぢゃ。そこが大切ぞ。分からなくなったら筆読めよ。キいただいて甦《よみがえ》るぞ。

出足の港は夫婦の道からぢゃと申してあろ。真理と申してあろ。これが乱れると世が乱れるぞ。神界の乱れ、色からぢゃと申してあろ。男女の道、正されん限り、世界はちっとも良くはならんぞ。今の世のさま見て、早う改心、結構いたしくれよ。和は力ぞ。

第二十六帖　（六八三）

神に任せ切ると申しても、それは自分で最善を尽くして後のことぢゃ。努力なしに任せるのは、悪任せぢゃ。悪お任せ多いのう。魂の財産は、金を得るより数倍難しいぞ。濡れ手で粟《あわ》のやり方、カス摑むぞ。無闇《むやみ》に腹が立ったり、悲しくなったり、悔しくなったりするのは、まだ巡りあるからぢゃ。巡りの霊界との因縁が切れておらぬからぢゃ。

愛は養わねばならん。夫婦は命懸けで、お互いに築き合わねばならんぞ。夫婦愛はあるのではない、築き上げねばならんぞ。生み出すのぢゃ。作り出すのぢゃ。そこに尊さあるぞ。喜びあるぞ。左には宗教、右には芸術。

第二十七帖　（六八四）

八合目辺りに参ると、すべての様子がほぼ見当つくぞ。それまでは、誰でもよく分からんもんぢゃ。これという先達があったら、先達の言うこと、言うとおりについてゆけよ。おかしい先達は、初めからおかしいぞ。

苦労し、手を掛け、金掛けるほど、良いものできるぞ。信念越えて、自分より上のものに任せ切ったのが理解であるぞ。信念だけでは、何事もできん。確信は理解からぞ。

第二十八帖　（六八五）

親子、夫婦、兄弟姉妹と生まれても、逆縁あるぞ。敵《かたき》同士、結ばれることあるぞ。それは神の大き恵みぞ。それに打ち勝って、新しき命《いのち》生み出して仕え奉《まつ》れ。体験ないところに宗教はない。

第二十九帖（六八六）

神から出るものは理に決まっているぞ。この平凡の道の道理が、なぜに分からんのぢゃ。得心できんのぢゃ。それに従えばこそ、向上、弥栄するのぢゃ。天狗《てんぐ》ざから、慢心するから、理がなくなるから、ゆき詰まるのぢゃ。

一応は、世界一家の型できるのぢゃ。が、それではならん。それを越えて、練り直して、まことの一家となるのぢゃ。天が上で、地が下で、中に・あるのぢゃ。それが弥勒《みろく》の世ぢゃ。

気長にやれと申してあろ。長い苦心なければ、良いものできん。この世で出来終わらねば、あの世まで持ち続けても、やり続けてもよいのぢゃ。そなた達は、あまりにも気が短いぞ。それではならんのう。まことの生活は、永遠性持っているぞ。これないものは、宗道でないぞ。

第三十帖　（六八七）

宇宙のすべてが繋がりであるぞ。石でも水でも草でも木でも動物でも、すべてが繋がりぎゃ。手と頭のようなもんぎゃ。拝み合えよ。親しみ合えよ。和せよ。和すと自分となるのぎゃぞ。自分大きく、明るくなるのぎゃ。豊かに嬉し嬉しぎゃ。

赤いものの中にいると赤くなってゆく。理に向かっていると、いつの間にか神のキいただくぞ。神の光がいただけるのぎゃ。二度三度、話聞いたり、拝《おろが》んだりくらいで、理は分からん。神は分からん。体験せねばならん。一方的では何事も成就せん。持ちつ持たれつであると申してあろ。

第三十一帖　（六八八）

今の自分の環境がどんなであろと、それは事実であるぞ。境遇に不足申すなよ。現在を足場として、境遇を美化し、善化して進め。そこにこそ、神の光、喜び現れるのぢゃ。逃げ道作れば、迷いの道に入るぞ。楽に得たもの、楽に失う。

第三十二帖（六八九）

信仰の初めは、感情に支配されがちぢゃ。理智を強く働かせねばならんぞ。人間は、絶えず穢《けが》れてくる。穢《けが》れは清めることによって改まる。厄祓《やくばら》いせよ。福祓《はら》いせよ。想念は永遠に働くから、悪想念は早く清算しなければならんぞ。

中の霊は天国へ行っても、外の霊はこの世に残るぞ。残ることあるぞ。残ってこの世の事物にうつって、同じこと、所業を繰り返すことあるぞ。早く洗濯せよと申してあろうがな。梅の実から梅が生えるのぢゃ。その梅に実できて、また梅が生えるのぢゃ。人間も、生まれ変わっても死に変わっても、なかなかに悪い癖は直らんもんぢゃぞ。それを少しずつ直して掛からねばならん。努力次第で漸次《ぜんじ》直るのぢゃぞ。宗教は霊、芸術は体ぞ。

二月一日

日津久神《ひつくのかみ》

第三十三帖　（六九〇）

新玉《あらたま》の真珠の波も草も木も春立ち初《そ》めて甦りけり

今の科学は、科学のことは分かるが、それより上のことは分からん。今の科学は、あるものがあるということだけしか分からんのぢゃ。良い求めには良い感応、良い感応に良い働き、良い理解となり、良い生活生まれる。間違った求めには、間違った神、間違った生活生まれるぞ。道理ぢゃなあ。

窮屈であってはならん。しかつめらしく硬くなっていてはならんぞ。笑いの道、喜びの道にこそ、神の働きあるのぢゃ。

宿命は宿されたもの。一つの枠に入っているのであるぞ。運命は自分で切り開《ひら》くことできるぞ。磨け、磨け。身魂《みたま》磨き、結構。信念だけではゆき詰まるぞ。

第三十四帖　（六九一）

自分は、自分の意志で生まれたのではないのぢゃ。その時、その環境を無視できん。その法則に従わねばならん。

草を拝めば草が神となり、機械拝めば機械が神ぢゃ。食べ物拝めば食べ物が神となる。心せよ。

神は人民を根本から永遠の意味で良くしようと、まことの喜び与えようとしているのぢゃ。局部的、瞬間的に見て分からんこと多いぞ。お蔭《かげ》は、すぐにはないものと思え。すぐのお蔭は下級霊。眉に唾せよ、考えよ。

現在の環境を甘受せよと申してあるが、甘受だけでは足らん。それに感謝せよ。積極的に感謝し、天地の恩に報じねばならん。まことの真理を知らぬ人間に、神は分からん。

第三十五帖　（六九二）

念じつつやれ。神のためと念じつつやれば、神のためとなる。小さい行為でも、霊的には大き働きするのぢゃ。自分ということが強くなるから、発展ないのぢゃ。ゆき止《ど》まるのぢゃ。我《われ》よしとなるのぢゃ。調和が神の現れであるぞ。霊と調和せよ。肉体と調和せよ。人と調和せよ。食べ物、住居と調和せよ。世界と調和せよ。嬉し嬉しぞ。一生掛かってもよいぞ。遅くないのぢゃ。自分の中の獣《けだもの》のため、直しに掛からねばならん。悪い癖直さねばならん。これが第一歩、土台ぢゃぞよ。

良きことは人に譲りて人を褒《ほ》め人立てるこそ人の人なる

敬愛のまこと心にまこと宣《の》りまこと行う人ぞ人なる

春立つ日

日津久神《ひつくのかみ》

第三十六帖 （六九三）

何事に向かっても、まず感謝せよ。ありがたいと思え。初めは真似事でもよいぞ。結構と思え。幸《さち》と思え。そこに神の力加わるぞ。道は感謝からぞ。不足申せば不足映るぞ。心のままとくどう申してあろが。病気でないと思え。弥栄と思え。病治る元、生まれるぞ。キが元ぞ。何事来るとも何糞と思え。神の力加わるぞ。恐れは恐れ生むぞと申してあろが。

一聞いて十悟らねばならんぞ。今の人民には何事も平面的に説かねば分からんし、平面的では立体のこと、次元の違うことは分からんし、腹で悟りてくだされよと申してあろ。

第三十七帖　（六九四）

相手八と出たら、二と受けよ。人民と申すものは物に囚われるから、何事も分からんから、十二と出、二十と出、三十六と出たらポカンとして分からんことになるぞ。十二と出たら、一段桁上げて、八十八と受けよ。また十二と受ける手もあるぞ。二十と出たら、八十と和せよ。立体になれば、それだけ自由になるのざ。世界広くなるのぞ。早う立体悟りくれよ。

第三十八帖　（六九五）

●の次に✺があり、その次に✳があり、十あると申してあろ。立体から複立体、複々立体、立々体と申してあろが。×と÷と和せば⋇となるぞ。複立体であるぞ。✺が複々立体、●が立々体ぞ。⊙がその元であるぞ。分かりたか。⊙となれば超自由、超自在、超無限ぞ。それだけにまた超完成であるぞ。超未完成でもあるぞ。神は全知全能から、超全知全能に弥栄しているぞ。難しいようなれど、このことよく分かりてくだされよ。新しき段階に入る門ぞ。

第三十九帖　（六九六）

道は三つと申してあろ。三とは参であるぞ。3《スリー》でないぞと申してあろ。無限であるぞ。平面的に申せば、右と左とだけでないぞ。その右の外に、また左の外に道でなき道あるぞ。それを善の外道、悪の外道と申す。外道多いのう。中の中には、中の道あるぞ。中の中の・は、ム（無《む》）であるから動きないぞ。動きないから無限の動きぢゃ。その・の外の中は、人民にも動き見ゆるぞ。この道は中ゆく道ざと申してあろが。中の・の道は大神の道、中ゆく道が神の道、中の道が人の道ぢゃ。分かりたか。

第四十帖　（六九七）

思想と申すのは、広い意味で大神から出ているのではあるが、幽界からの力が強く加わっているのぢゃ。念と申すのは、神界からの直々《じきじき》であるぞ。悪のキ、断たねば念とはならんぞ。

第四十一帖　（六九八）

天には天の道、地には地の道、人民には人民の道あると申してあろ。同じ道であるが違うのぞ。地に写し、人民に写すときは、地の約束、人民の約束に従うのぞ。約束は神でも破れんのであるぞ。次元違うのであるから、違ってくるぞ。違うのが真実であるぞ。それを同じに説いたのが悪の教え、同じと思うのが悪の考え方であるぞ。

上から来るものは、光となって流れてくるのざ。光に本来影はないのであるが、動くから影が生まれる。それを影でない影と申すぞ。悪でない悪あると申してあろがな。

天には天の自由、地には地の自由、神には神の、人民には人民の、動物には動物の、それぞれの自由あるぞ。その性の高さ、清さ、大きさなどによって、それぞれの制限された自由あるぞ。自由あればこそ動くぞ。自由とは弥栄のこと。

光は神から人民に与えられている。光に向かうから照らされる。光は、・、真《しん》、善、美、愛となり、またその裏の○、疑、悪、醜、憎となり現れるぞ。御用の善となり、御用の悪となる。悪憎むのは外道の善。外道とは、上からの光が一度人民界に映り、人民界の自由の範囲における凸凹に映り、それが再び霊界に映る。それが幽界と申してあろ。その幽界から更に人民界に映ったものが外道の善となり、外道の悪となるのざ。善にも外道あるぞ。心得よ。

光は天のみでなく、地からも人民からも、すべて命《いのち》あるものから出ているのであるが、その喜びの度に正比例してのものであるから、小さい命《いのち》からの光は分からんのであるぞ。

第四十二帖　（六九九）

戦は善にもあり、悪にもあり、右には右の、左には左の、上には上の、下には下の、中には中の、外には外の戦あるぞ。新しき御世《み》が到来しても、戦はなくならん。戦も歩みぞ。弥栄ぞ。ぢゃと申して、今のような外道の戦でないぞ。人殺し、命《いのち》殺すような戦は外道。やればやるほど激しくなるぞ。正道の戦は人を生かす戦。やればやるほど進むのぢゃ。今の人民、戦と申せば人の殺し合いと早合点するが、それは外道の戦。天国への戦もあるぞ。幽界への戦もあるぞ。人民の言う今の戦、今の武器は人殺す外道の道。それではならんのう。外道なくしてくだされよ。外道はないのであるから、外道抱き参らせて、正道に引き入れてくだされよ。

新しき霊界は、神人《かみひと》共で作り出されるのざ。それは大いなる喜びであるからぞ。神の御旨《み》であるからぞ。新しき世は明けているぞ。夜《よ》、明ければ闇《やみ》はなくなるぞ。新しき型はこの中からぞ。日本からぞ。日本良くならねば世界は良くならん。

外道の武器捨てよ。外道の武器活かして、活かして、命《いのち》を生かす弥栄の武器とせよ。変えられるでないか。

第四十三帖（七〇〇）

与えよ、与えよ、与えよ。与える政治と申してあろが。戦争か平和かと人民申しているなれど、道はその二つでないぞ。三が道と、くどう申してあろ。水の外道の武器と、火の外道の武器のほかに、新しき武器気づかんのか。筆よく読めば示してあるのであるぞ。ほかに道ないと決めて掛かるから分からんのざ。生まれ赤子になれば分かるぞ。知らしてやりたいなれど、知らして分かるのでは、自分のものとならん。自分が体得し、自分から湧き出ねば自分のものでないぞ。つけ焼刃は危ない、危ない。気違いに刃物ぞ。平面的考え、平面生活から、立体に入れと申してあろがな。神人共に溶け合うことぞ。外道でない善と悪と溶け合うのぞ。善のみで善ならず、悪のみで悪ならず。外道は夜明け来れば消えてしまうぞ。夜明けの御用、大切と申してあろが。外道の悪、殺すでないぞ。抱き参らすから消えるのであるぞ。

第四十四帖　（七〇一）

念入れ換えるぞ。念入れ換えるとは、新しき霊界作ることぞ。新しき霊界作るとは、大神の真中に溶け入ることぞ。

第四十五帖　（七〇二）

一時は人民なくなるところまでゆくと申してあろが。人民なくしても、人民なくならん。洗濯して掃除して、新しき道早う進めよ。遅くなるほど、難しく苦しくなるぞ。近目で見るから分からん。

日本の、世界明けたり、あな清々《すがすが》し日本晴れぞ。富士は晴れたりとは、真理の世に出《い》づことぞ。天のこと地に映す時は、地の力出るように、地の息吹《いぶ》き通うように、弥栄するように、念を地の力と現れるように、正しく映してくだされよ。邪気入ってはならん。

第四十六帖　（七〇三）

今の武器は幽念ぞ。幽界の裏打ちあるぞ。神界の裏打ちある武器でなくてはならん。まことの武器ぞ。ひっくりであるぞ。念から作り出せよ。その念の元を作れば、神から力を与えるから、この世の力と現れるぞ。念の凸凹から出た幽界を抱き参らさねばならんのざ。なかなかの御《ご》苦労であるなれど、幽界を神界の一部に、力にまで引き寄せねばならん。

第四十七帖　（七〇四）

念が新しき武器であるぞ。それでは、人民回りくどいと申すであろうなれど、物事には順と時あるぞ。元のキから改めてくだされよ。尊き御《おん》役。

第四十八帖　（七〇五）

念なりと、今の人民申す思想は、まことの念でないぞ。思想は思想ぞ。念とは力であるぞ。実在であるぞ。喜びであるぞ。喜びは神ぞ。弥栄。

二月十二日

日津久神《ひつくのかみ》

第四十九帖　（七〇六）

これぞと思う人があったら、その道の人についてござれよ。一寸先見えん人民ぢゃ。先達の後からついてござれ。それが一番良いことぢゃ。人、見出すこと難しいのう。

十年、二十年行じても、目当て違っていたら何もならんぞ。この方《ほう》の道へござれ。正しき光の道によれよ。十日で、一月《ひとつき》で見違えるほどになるぞ。死んだ気で筆をそなたの身に写せよ。涙流せよ。汗流せ、血流せよ。

天災や地変は、大き肉体の応急処置の現れであるぞ。部分的に人間苦しめるように思うてはならん。一日一度は便所へゆかなならんであろがな。人間、この世の五十年を元として考えるから分からなくなるのざ。永遠弥栄の命《いのち》、早う体得、結構。

第五十帖　（七〇七）

その人によって相応《ふさわ》しい行がある。誰でも同じでない。一合食べる人もあれば、一升食べる人もあるぞ。身につかんもの、身につかん行は、いくらしても何もならん。要らん苦労は要らんと申してあろ。

風呂には時々入るが、魂の風呂にゆく人少ないぞ。より高い聖所へ参りて、魂の垢落とせよ。筆読んで落としてくだされよ。垢落とさずに神の光見えんと申して、お蔭《かげ》ないと、我《われ》よし申してござるなれど、風呂に入らずに垢つくとはけしからんと申すのと同じでないか。なぜに分からんのぢゃ。

全体のため奉仕するのはよいが、自分捨てて全体なく、自分ないぞ。全体を生かし、全体と共に部分の自分が弥栄えるのであるぞ。早合点、禁物。

第五十一帖　（七〇八）

人民の因縁性来は、皆筆に書かしてあるぞ。そなたのこと、何もかも一目ぢゃ。因縁分かって嬉し嬉しで御用、結構。嬉し恐ろしくなる仕組。

第五十二帖　（七〇九）

まことの光の道にゆき、進めよ。ここぞと見極めたら、理解に向かってひたすらに進まねばならん。理屈要らん。宇宙はこの方《ほう》の中にあるのぢゃ。この方《ほう》ぢゃ。

世が段々迫って悪くなるように申しているが、それは局部的のこと。大局から見れば、良きに向かって弥栄えているぞ。夏が暑いと申してブツブツ申すでないぞ。秋《あき》になるぞ。冬もあるぞ。冬ばかりと考えるでないぞ。やがては春が訪れるのぢゃ。いずれも嬉し嬉しとなる仕組。

第五十三帖　（七一〇）

どうしたらよいのぢゃ、神の言うこと聞くから助けてくれと申す者、沢山出てくるが、何も難しいこと神は申さん。現在を足場として、一歩ずつ進めばよいのぢゃ。それでは食ってゆけんと申す者あるが、神はあり余るほど与えてあるでないか。なぜ手出さんのぢゃ。与えたもののみが自分のものぞ。今の人民、余っても足らんと考えて、貪《むさぶ》りているぞ。幸福与えてあるに、なぜ手出さんのぢゃ。曲げて取るのぢゃ。心の目、開《ひら》けよ。芥《ごもく》投げ出せよ。我《が》の強い守護神殿、もう我《が》の世は済んだぞ。我《が》出すほど苦しくなるのぢゃ。

第五十四帖　（七一一）

見える幸福には限りがあり、見えぬ幸福は永遠であるぞ。道に勤《いそ》しめ。道に溶け入れよ。ものはなくなるぞ。霊は永遠に弥栄えるぞ。毎日毎日、掃除しても埃《ほこり》は溜《た》まる。絶えず心の掃除よいか。洗濯よいか。目に見えず、上、下、左、右、前後から何となく迫ってくるものを審神者《さにわ》せよ。審神者して受け入れねばならん。自分の魂を育み、成長さしてくれる大切なものは、目に見えん所から流れてくるぞ。和せよ。調和せよ。調和とは、上から、より清い所から流れてくるものに従うことぞ。

いよいよが一四《いよ》一四《いよ》となるぞ。雨の神、風の神、地震の神、岩の神、荒れの神、大地震の神。

第五十五帖（七一二）

十二年遅れているのを取り戻すのであるから、これからは目の回るほど忙しくなってくるぞ。筆読む暇もなくなると申してある時、来たぞ。いずれは人民減るなれど、何も約束ごと、真理とは替えられん。まこと求めるならば、これと見届けたならば、その場で御用与える仕組。

第五十六帖　（七一三）

ゆく水にも、雲にも、咲く花にも、神の御心《み》あるぞ。それ見る目ないから、分からんのぢゃ。掃除すれば分かる。掃除、結構。拝むは、拝まんよりはましであるぞ。しかし、拝んでばかりでは、病気は治らん。金は儲からん。拝むばかりで、金儲けできたり病気治ったりすると思うたら、間違いぞ。道に勤《いそ》しめ。道ゆくところ喜びあるぞ。喜びあるから、病気も治るのぢゃ。金も出てくるのぢゃ。お蔭《かげ》あるのぢゃ。喜び神ぢゃ。縦には神と神界と和し、横には人と環境と大和してゆくところにこそ、生きの命《いのち》の嬉し嬉しあるのであるぞ。

第五十七帖　（七一四）

後にも先にもない、見せしめ出てくるぞ。巡り酷い所ほど、酷い見せしめ。

神がまこと心見抜いたら、どんな手柄でもいたさすぞ。自分でびっくり。まことの人ほど、お蔭《かげ》遅い。遅いほど大きお蔭あるぞ。

同じ筋の身魂、沢山にあるのぢゃ。類魂《るいこん》と人民申しているもの。いくら因縁あっても、曇り酷いと、その類魂の中から次々に替わりの身魂、使う仕組。兎や角申さずに、素直についてござれ。

第五十八帖（七一五）

心の洗濯早ういたして大日月地大神《おおひつきくにのおおかみ》様に、殊に育ての生みの親様、国常立《くにとこたちの》大神《おおかみ》様の御《ご》実体を理解せねば、自分でいくら頑張ってもやり損ないぢゃ。我《われ》が我《われ》がと思うているなれど、皆この方《ほう》が陰からさしているのに気づかんのか。お詫《わ》びせよと申せば、そんな悪いことした覚えないと申すが、どこまで曇ったのぢゃ。

神に捧げるには、自分に与えられた物の中から捧げねばならんぞ。貪《むさぶ》り取ったり横取りしたり、自分の物でない物、儲けたカスを神に捧げて威張っているが、それは捧げ物にならん。神は受け給《たま》わんぞ。泥棒のお残り頂戴《ちょうだい》は真《ま》っ平《ぴら》ぢゃ。自分の物、まず捧げるから弥栄えるのぞ。お蔭《かげ》万倍、間違いなし。

第五十九帖　（七一六）

一足飛びにはゆかん。一歩一歩と申してあろ。一度に神様を知りたいと申しても、そうはゆかん。一年生からぢゃ。出直し、出直し。子供に大学のことは分からん。十貫《かん》の荷物は担《かつ》げん道理。進むには、それ相当の苦労と努力要るぞ。胡坐《あぐら》かいて、懐手《ふところで》していてはできん。時も要るぞ。金も要るぞ。汗も要るぞ。血も要るぞ。涙も要るぞ。良いものほど値が高い。

今を基《もと》とし、自分を基《もと》として、善ぢゃ悪ぢゃと申してはならん。良き人民苦しみ、悪い人民楽している、神も仏もないのぢゃと申しているが、それは人民の近目ぞ。一方的の見方ぞ。長い目で見よと申してあろが。永遠の理《ことわり》わきまえよと申してあろが。支払い窓は金くれる所、預け口は金取る所。同じ銀行でも、部分的には逆さのこととしているでないか。全体と永遠を見ねば、物事は分からんぞ。よく心得よ。

二月十五日　　日津久神

第六十帖　（七一七）

一九《ひく》道こと。一九《ひく》道こと。一九《ひく》道。四九《じく》道。四九《じく》道。

二月十五日　　日津久神

第二十八巻　夏の巻　全二十五帖

自　昭和二十七年三月三日
至　昭和二十七年三月八日

第一帖　（七一八）

与えられたもの、そのもの喜ぶようにすれば、楽にゆけるよう、暮らし向きも楽し楽しで暮らせるようになっているぞ。あり余るほど与えてあるでないか。活かして使えよ。生活に、なぜあくせくするのぢゃ。与えてあるもの殺すから、自分も死の苦しみするのぢゃ。

有限でなければ、物は現れないぞ。物に現すと有限となるのぢゃ。すべてに感謝せよと申してあろが。すべてのものに、それ相当の意義あるぞ。全体的には喜びせねばならん。愛をもって接しなければならん。真《しん》をおかねばならん。ぢゃと申して、局部局部においては、それぞれ、その時に応じて処理せねばならん。ただ、その場合はゆとりもって処理せよ。綱長くしておかねばならん。

第二帖　（七一九）

・が喜びであるぞ。また、・の・はム（無《む》）でもあるぞ。内から外に向かってゆくのが、☉のやり方。外から内に向かってゆくのが、外国のやり方。◯から・にゆくのは、まことが逆であるから、まことのことは分からん。外からゆく宗教や哲学や科学が、元を分からなくしているのぢゃ。元分からんで、生きの命《いのち》の分かるはずないぞ。今の世は逆さまぢゃ。先祖から正せよ。原因から正してゆかなならんぞ。☉から出て・に返り、無限より出て有限に形《かたち》し、有限から無限に返り、また有限に動くのがまことのやり方であるぞ。まことの理解者には甘露《かんろ》の水ぞ。

第三帖　（七二〇）

人間は、神と共に自分自身で成長してゆかなならん。人間から見れば、全知全能の神、あるのであるぞ。このこと、よく分かりてくだされよ。まことの理解と迷信との分かれる大切ことぞ。

第四帖　（七二一）

何神様とはっきり目標つけて拝めよ。ただぼんやり、神様と言っただけではならん。大神は一柱であるが、現れの神は無限であるぞ。根本の、大日月地大《おおひつきくにのおお》神《かみ》様と念じ、その時その所に応じて、特に何々の神様とお願い申せよ。

信じ合う者あれば、病気もまた楽しく、貧苦もまた楽しいのであるぞ。例外と申すのは、ないのであるぞ。他の世界、他の天体、他の小宇宙からの影響によって起こる事象が、例外と見えるのぢゃ。心大きく、目開《ひら》けよ。

第五帖　（七二二）

成り成ると申してあろが。成ると申すのは、内分は同じであるが、形の変わることであるぞ。生むと成るとは同じであって、同じでないぞ。

第六帖　（七二三）

本当にものを見、聞き、味わい、消化してゆかなならんぞ。地の上にあるもの、人間のすること、そのすべては霊界で同じことになっていると申してあろが。まず霊の世界の動き大切。霊の食べ物、霊の生活、求める人民少ないのう。これでは片輪車。いつまで経ってもドンテンドンテンぢゃぞ。

そのものを見、そのものに接して、下腹がぐっと力籠《ちからこも》ってくるものは良いもの、本物であるぞ。キはすべてのものに流れ込むもの。信仰は、理知的にも求められる全き情である。真理を理解するのが早道。確信となるぞ。

第七帖　（七二四）

神も人間も同じであると申してあろ。同じであるが、違うと申してあろ。それは、大神の中に神を生み、神の中に人民生んだためぞ。自分の中に自分新しく生むときは、自分と同じ型のものを生む。大神弥栄なれば、神も弥栄、神弥栄なれば、人民弥栄ぞ。困るとか、苦しいとか、貧しいとか、悲しいとかいうこと、ないのであるぞ。道踏めと申すのは、生みの親と同じ生き方、同じ心になれよと申すことぞ。人民いくら頑張っても、神の外には出られんぞ。神いくら頑張っても、大神の外には出られんぞ。

第八帖　（七二五）

見えるものから来る幸福には限りがあるが、見えんものから来る幸福は無限ぞ。尽きん喜びは、常《つね》に神から。

第九帖　（七二六）

生むと申すことは、自分をより良く成長さすこと。一つ生めば、自分は一段と上に昇る。この道理、分かるであろうがな。生むことによって、自分が平面から立体になるのであるぞ。

毎日、一生懸命に掃除していても、どこかに埃《ほこり》残るもんぢゃ。まして掃除せん心に埃積もっていることくらい、誰にでも分かっているであろうが。筆で掃除せよ。

大病に罹《かか》ると、借金してでも名医に掛かるのに、霊的大病は知らん顔でよいのか。信仰を得て霊的に病気を治すのは、一瞬には治らんぞ。奇跡的に治るとみるのは間違い、迷信ぞ。時間も要り手数も要る。物も金も要る。大き努力要るのであるぞ。取り違い多いのう。

第十帖　（七二七）

過去も未来も中今《なかいま》。神も人間と同じで、弥栄してゆくぞ。悪い癖直さねば、いつ何時まで経っても自分に迫ってくるもの変わらんぞ。お蔭《かげ》ないと不足申しているが、悪い癖、悪い内分を変えねば、百年祈り続けてもお蔭ないぞよ。理屈なしに、子は親を信ずるぞ。その心で神に対せよ。神が親となるのぢゃ。目と口から出るもの、目の光と声とは、実在界にも実力持っているのであるぞ。力は、体験通して出るのであるぞ。

第十一帖　（七二八）

型は形を持たねばならん。念は語ることによって現れるのぢゃ。・がム（無《む》）なればなるほど、〇はウ（有《う》）となるのであるぞ。このこと、よく分かりてくだされよ。腹の中の芥捨《ごもく》てるとよく分かる。

第十二帖 （七二九）

キが元と申してあろがな。人民は、すべてのもののキいただいて成長しているのであるぞ。キいただけよ。横には社会のキを、縦には神のキを、悪いキを吐き出せよ。良いキ養ってゆけよ。見分ける鏡、与えてあるでないか。道分からねば人に聞くであろが。分からんのに、分かった顔して歩き回っていてはならん。人に尋ねよ。これと信ずる人に尋ねよ。天地に尋ねよ。筆に尋ねよ。

第十三帖 （七三〇）

ウ（有《う》）とム（無《む》）は、相互《あい》いに相反するのであるが、これが一つになって動く。ウム組み組みてと申してあろがな。今の人民の知では、なかなか解けん。ウの中心はム、ムの周りはウであるぞ。中心は無限、周辺は有限であること知れよ。

第十四帖　（七三一）

上に立つほど働かねばならん。働いても力は減らん。働くにはキいただかねばならん。キから力生まれるのであるぞ。働くと申して、動くばかりでないぞ。動かんのも働き、動くのも働き、よく心得よ。寄せては返し、寄せては返し、生きているのであるぞ。初めの始めと始めが違うぞ。後になるほど良くなるぞ。終わりの中に始めあるぞ。祈り、考え、働きの三つ揃《そろ》わねばならん。

第十五帖　（七三二）

生めば生むほど、自分新しく成り成り、大きくなる。人間は大神の珍《うず》の御子《み》であるから、親の持つ新しき、古きものがそのまま型として現れいて、弥栄えている道理ぢゃ。

人間のすべてに迫りくるもの、すべてを喜びとせよ。努力せよ。物喜ばせば、物は自分の喜びとなり、自分となる。心の世界は、無限に広がり、成長するのであるぞ。神に溶け入って、宇宙大に広がるのであるぞ。神と共に大きくなればなるほど、喜び大きくなるのである。

一神説いて多神説かんのも片輪、多神説いて一神説かんのも片輪。一神即多神即汎神《はんしん》である事実を説いて聞かせよ。

第十六帖　（七三三）

人民は神の入れものと申してあろ。神の・と人間の・と通じておればこそ、息するのぢゃ。・と・と通じておれば、それでよいのぢゃ。神の・と人民の・と通じておるならば、神の○と人民の○と同じようにしておかねばならんと申すのは、人間の誤り易い、いつも間違い起こす元であるぞ。神の○と人間の○と同じようにしておくと思うて、三千年の誤りしでかしたのぢゃ。・と・と結んでおけば、後は自由ぢゃ。人民には人民の自由あるぞ。神のやり方と自ら違うところあってよいのぢゃ。天の理と人の理とは同じであって、違うのざと知らしてあろ。心得よ。

第十七帖　(七三四)

神の姿はすべてのものに現れているぞ。道端の花の白きにも現れているぞ。それを一度に、すべてを見せて呑み込ませてくれと申しても、分かりはせんぞ。分かるところから、気長に神求めよ。

すべては神から流れ出ているのであるから、神にお願いして実行しなければならん。この分かり切った道理、疎《おろそ》かにしてござるぞ。そこに天狗《てんぐ》出ているのぞ。

第十八帖　（七三五）

自分が自分生むのであるぞ。陰と陽とに分かれ、更に分かれると見るのは、人間の住む次元に引き下げての見方であるぞ。陰陽分かれるのでないこと、元の元の元のまことの弥栄知れよ。

第十九帖　（七三六）

その人その人によって、食べ物や食べ方が少しずつ違う。体に合わん物食べても、何もならん。却《かえ》って毒となるぞ。薬、毒となることあると気つけてあろが。

ただ歩き回っているだけではならん。ちゃんと目当て作って、良い道進んでくだされよ。飛行機あるに馬に乗ってゆくでないぞ。額にまずキ集めて、腹で物事を処理せねばならんぞ。

形ある世界では、形の信仰もあるぞ。偶像崇拝ぢゃと一方的に偏しては、まことは分からんぞ。

第二十帖　（七三七）

人民の智の中に現れてくるときは、もはや大神ではないぞ。神であるぞ。原因の原因は、なかなか見当取れん。

第二十一帖　（七三八）

初めは形あるものを対象として拝むのもよいが、ゆき詰まるのは、目に見える世界のみに囚われているからぞ。縦の繫がりを見ないからであるぞ。死んでも自分は生きているのであるぞ。大我《たいが》に帰したり、理法に溶け入ったりして自分というもの、なくなるのでないぞ。霊界と霊と、現界と現身とのことは、くどう説いてあろが。筆、読め読め。大往生の道、弥栄に体得できるのであるぞ。

霊と体と同じであると申しても、人間の世界では別々であるぞ。内と外、上と下であるぞ。取り違いせんようにしてくだされよ。

第二十二帖　（七三九）

創り主と創られるものとでは、無限に離れてゆくのぢゃ。和ないぞ。和のないところ、天国ないぞ。こんな分かりきったこと、なぜに分からんのぢゃ。尻の毛まで抜かれていると申してあろ。早う目覚めよ。悪の道、教えにまだ迷うてござるが、早う目覚めんと間に合わんぞ。

第二十三帖　（七四〇）

無限のものと、有限のものと、ム（無《む》）とウ（有《う》）とを交ぜ交ぜにして考えるから、人民の頭は兎角《とかく》、ウになりがちぢゃぞ。欲、浄化せよ。

第二十四帖　（七四一）

すべて世の中の出来事は、それ相当に意義あるのであるぞ。意義ないものは在存許されん。それを人間心《ごころ》で、邪と見、悪と感ずるから、狭い低い立場でいるから、いつまで経っても堂々巡り。それを毒とするか薬とするかは、各々の立場により、考え方や、処理方法や、いろいろの運び方によって知るのであるから、心せねばならんぞ。今に一生懸命になりてくだされよ。

三月三日

日津久神《ひつくのかみ》

第二十五帖　（七四二）

二十二のように知らすぞ。神の仕組、間違いなし。ドシドシと運べよ。

三月八日

日津久神《ひつくのかみ》

第二十九巻　秋の巻　全二十八帖

昭和二十七年四月十一日

第一帖　（七四三）

同じ神の子でも、本家と分家とあるぞ。本家は人間ぢゃ。分家は動植物ぢゃ。本家と分家は、神の前では同じであるが、位置を変えると同じでないぞ。三十年で、世の立て替えいたすぞ。これからは一日増しに世界から出てくるから、いかに強情な人民でも往生いたすぞ。神は喜であるから、人の心から悪を取り除かねば神に通じないぞと教えているが、それは段階の低い教えであるぞ。大道でないぞ。理屈の作り出した神であるぞ。大神は大歓喜であるから、悪をも抱き参らせているのであるぞ。抱き参らす人の心に、まことの不動の天国来るぞ。抱き参らせば、悪は悪ならずと申してあろうが。今までの教えは今までの教え。

第二帖　（七四四）

人民は土で創ったと申せば、すべてを土で捏《こ》ねて創り上げたものと思うから、神と人民とに分かれて他人行儀になるのぞ。神の喜びで土を創り、それを肉体の型とし、神の歓喜を魂としてそれにうつして、神の中に人民を息さしているのであるぞ。取り違いせんようにいたしくれよ。親と子と申してあろ。木の股や土から生まれたのでは、まことの親子ではないぞ。

世界の九分九分九厘《くぶくぶくりん》であるぞ。あるにあられん、差しも押しもできんことが、いよいよ近うなったぞ。

外は外にあり、内は内にあり、外は内を悪と見、内は外を悪として考えるのであるが、それは善と悪でないぞ。内と外であるぞ。外には外の喜び、内には内の喜びあるぞ。二つが和して一となるぞ。一が始めぞ。元ぞ。和して動き、動いて和せよ。悪を悪と見るのが悪。

第三帖　（七四五）

霊界での現れは同じであっても、現実界に現れるときは違うことあるぞ。それはものが異なるからぞ。富士は元のキぞ。鳴門とは、その現れの働き。

第四帖　（七四六）

道徳、倫理、法律は、いずれも人民の作ったもの。本質的には、生まれ出た神の息吹《いぶき》によらねばならん。神も世界も人民も、いずれも成長しつつあるのざ。いつまでも同じであってはならん。三千年、一切《ひと》りぢゃ。今までの考え方を変えよと申してあろ。道徳を向上させよ。倫理を新しくせよ。法律を少なくせよ。いずれも一段ずつ上げねばならん。今までのやり方、間違っていたこと分かったであろ。一足飛びにはゆかんなれど、一歩一歩、上がってゆかなならんぞ。ぢゃと申して、土台を捨ててはならん。土台の上に建物建てるのぢゃ。空中楼《ろう》閣《かく》、見ておれん。

第五帖　（七四七）

臍《へそ》の緒は繋がっているのであるから、一段奥の臍へ臍へと進んでゆけば、そこに新しき広い世界、大きく開《ひら》けるのであるぞ。自分なくするのではなく、高く深くするのであるぞ。無我《むが》でないぞ。分かりたか。海の底には、金《きん》はいくらでもあるぞ。幽界と霊線繋ぐと自己愛となり、天国と霊線繋げば真愛と現れるぞ。喜びも二つあるぞ。三つあるぞ。大歓喜は一つなれど、次の段階では二つとなるのであるぞ。

第六帖　（七四八）

他を愛するは真愛ぞ。己のみ愛するのは自己愛ぞ。自己愛を排してはならん。

自己愛を広げて、大きくして、真愛と合致させねばならん。そこに新しき道開《ひら》けるのであるぞ。自己愛を悪魔と説くは悪魔ぞ。なき悪魔作り、生み出すでないぞ。一段昇らねば分からん。

第七帖　（七四九）

公《おおやけ》のことに働くことが、己のため働くこと。大の動きなすために、小の動きをなし、小の動きなすために、個の動きなすのであるぞ。・に・あり、また・あると申してあるぞ。

第八帖　（七五〇）

何事も喜びからぞ。結果からまた喜び生まれるぞ。この道理分かれば、何事もありやか。

第九帖　（七五一）

弥勒《みろく》の世となれば、世界の国々がそれぞれ独立の、独自のものとなるのであるぞ。ぢゃが、皆それぞれの国は一つの臍で、大き一つの臍に繋がっているのであるぞ。地上天国は一国であり、一家であるが、それぞれの、また自ずから異なる小天国ができ、民族の独立性もあるぞ。一色に塗り潰《つぶ》すような一家となると思うているが、人間の浅はかな考え方ぞ。考え違いぞ。この根本を直さねばならん。霊界のとおりになるのぢゃ。

第十帖　（七五二）

外の喜びはその喜びによって悪を増し、内の喜びはその喜びによって善を増すなれど、まことの喜びは外内と一つになり、二つになり、三つになった喜びとならねば、弥栄ないぞ。

第十一帖　（七五三）

親と子は、生むと生まれるとの相違できてくるぞ。また、上の子と下の子と、左の子と右の子とは、違うのであるぞ。違えばこそ存在する。

第十二帖　（七五四）

神についてござれよ。理屈申さず、ついてござれよ。地獄ないと申してあろ。人は、神の喜びの子と申してあろ。人の本性は神であるぞ。神なればこそ、天国へ自ずからゆくのぢゃ。住むのぢゃ。

第十三帖　（七五五）

人民、嘘が上手になったから、なかなか油断ならんぞ。下々の神様も、嘘上手になったなあ。善ぢゃ悪ぢゃと申しているが、人民の善は、そのまま霊人の善でないぞ。そのまま霊人の悪でないぞ。心してくれ。

第十四帖　（七五六）

ぐっと締めたり、弛《ゆる》めたりして、呼吸しなければならん。そこに政治の動きあるぞ。経済の根本あるぞ。逆に締めることもあるぞ。善と申し、悪の御用と申すことの動き、そこから出るのぢゃ。じっとしていてはならん。じっとしている善は、善でないぞ。

第十五帖　（七五七）

何ほど世界のためぢゃ、人類のためぢゃと申しても、その心が我《が》が強いから、一方しか見えんから、世界のためにならん。人類のためにならんぞ。洗濯ぢゃ、洗濯ぢゃ。

自分が生んだもの、自分から湧き出るものは、いくらほかに与えてもなくならんぞ。与えよ、与えよ。与えてなくなるものは、自分のものでないと申してあろ。なくなると思うのは、形のみ見ているからぢゃ。殻のみ見るからぢゃぞ。本質は無限に広がるぞ。与えるほど、よりよく神から与えられるぞ。井戸の水のようなもんぢゃ。汲《く》めば汲むほど、良くなる仕組。

第十六帖　（七五八）

統一ということは、赤とか白とか一色にすることではないぞ。赤もあれば、黄もあり、青もあるぞ。それぞれのものは、皆それぞれであって、一点の・で括《くく》るところに統一あるぞ。括ると申して、縛るのでないぞ。磁石が北に向くよう、すべて一点に向かうことであるぞ。これを公平と申し、平等と申すのぢゃ。悪平等は悪平等。一色であってはならんのう。

下が上に、上が下にと申してあるが、一度で収まるのでないぞ。幾度も幾度も、上下に引っ繰り返り、また引っ繰り返り、びっくりぢゃ。びっくり捏《こ》ね回しぢゃ。

第十七帖　（七五九）

筆が一度で分かる人民には、鎮魂《みたましずめ》や鎮神《かみしずめ》や神懸《かみがか》りはいらん。分からんから、やらしているのぢゃ。やらせねば分からんし、やらすと脇道に陥《おちい》るし、いやはや困ったもんぢゃのう。

第十八帖　（七六〇）

人民は、神の臍と繋がっているのであるぞ。臍の緒さえ繋がっておればよく、神人であるぞ。・と・と繋がって、更に大き・に繋がっているからこそ、動きあり、それぞれの働きあり、使命を果たし得るのであるぞ。同じであって全部が合一しては、力出ないのであるぞ。早う心入れ換えと申してあるが、心とは外の心であるぞ。心の中の中の中の心の中には、・が植えつけてあるなれど、外が真っ暗ぢゃ。今までのやり方ではいけんこと、分かっておろがな。要らんものは早う捨ててしまえよ。

直々《じきじき》の大神様は、月の大神様なり。

第十九帖（七六一）

中今《なかいま》と申すことは、・今と申すこと。・はム（無《む》）であるぞ。動きなき動きであるぞ。そのこと、よくわきまえよ。今までのこと、やり方変えねばならん。一段も二段も三段も上の、広い深い、ゆとりのあるやり方に、神のやり方に、規則のない世に、考え方、やり方、結構であるぞ。

第二十帖　（七六二）

科学に・入れると宗教となるのぢゃ。・は数。金《かね》は掘り出せん。生み出してくれよ。

第二十一帖　（七六三）

和が根本、和が喜びぞ。和すには、神を通じて和すのであるぞ。神を通さずに、神をなくして通ずるのが悪和合。神から分かれたのであるから、神に返って、神の心に戻って和さねばならん道理。神なくして和ないぞ。世界平和と申しているが、神に返って、神に通じねば和平なく、喜びないぞ。十二の玉を十まで生んで、あと二つ残してあるぞ。

第二十二帖　（七六四）

神に溶け入れと申してあろ。次元が違うから、戒律できるから分からんのぢゃ。溶け入れよ。何につけても大戦《おおいくさ》。人の殺し合いばかりでないと知らしてあろ。びっくりぢゃ。

第二十三帖　（七六五）

神が主であり、人民が従であると申してあろ。これを逆にしたから、世が乱れているのぞ。結果あって、原因あるのでないぞ。今の人民、結構すぎて、天地の御《ご》恩と申すこと忘れているぞ。いよいよとなって泣き面《つら》せねばならんこと分かりているから、くどう気つけているのぢゃ。まことのことは酉《とり》の年。

第二十四帖　（七六六）

上から見ると皆人民ぢゃ。下から見ると皆神ぢゃ。分かりたと思うてござるなれど、神の仕組が、学や金銀積んで、ちょっとやそっとで分かるはずないぞや。今までの三千年のやり方違っていたと心つくなれば、心ついて筆読むなれば、一切のことありやかとなるのぢゃ。肝心ぢゃ。

第二十五帖　（七六七）

ウ（有《う》）はム（無《む》）であるぞ。ウとは現実界ぞ。ムとは霊界であるぞ。ウもムも同じであるぞ。ムからウ生まれてくると申してあること、よく心得よ。

神の仕組、狂いないなれど、人民に分からねば、それだけこの世の歩み遅れるのぢゃ。この世は人民と手引かねばならんから、苦しみが長くなるから、千人万人なら一人ずつ手引いてやりてもやり易いなれど、世界の人民、動物虫けらまでも助ける仕組であるから、人民早う改心せねば、気の毒いよいよとなるぞ。

第二十六帖　（七六八）

中はム（無《む》）、外はウ（有《う》）であるぞ。中になるほどムのムとなるのぢゃ。同じこと繰り返すと人民申すであろが、得心しておらんから、肝心のことぢゃから、くどう申しているのぢゃ。

人民それぞれの身魂《みたま》によって、役目違うのであるぞ。手は手、足は足と申してあろ。何もかも混ぜこぜにやるから、結びつかんのぢゃ。

第二十七帖　（七六九）

型に嵌《はま》ることを固まると申すのぢゃ。凝り固まっては、動き取れん。固まらねば型できんで、人民には分からんし、型外して、型を作らねばならん。法律作らねばならんが、作ってもならんぞ。神から命令された身魂でも、油断はできん。曇りたらすぐ替わりの身魂と入れ換えるのであるぞ。凝り固まったものが穢《けが》れぢゃ。穢《けが》れ晴らさねばならん。絶えず祓《はら》って、祓《はら》って、祓《はら》いつつまた固まらねばならんし、人民には分からんし、肉体あるから固まらねばならんし、常《つね》に祓《はら》いせねばならん。すべてをこんなもんぢゃと決めてはならんぞ。・枯れることを穢《けが》れと申すのぢゃ。分かりたか。

神界の立て替えばかりでは、立て替えできん。人民界の立て替えなかなかぢゃなあ。

第二十八帖　（七七〇）

霊は物に憑《つ》くと申してあろ。祓《はら》いするときは、物に憑《つ》けて、物と共にせよ。共に祓《はら》えよ。

これほどまこと申しても、残る一厘《いちりん》はいよいよのギリギリでないと申さんから、疑うのも無理ないなれど、見てござれよ。神の仕組、見事成就いたすぞ。一厘のことは知らされんぞと申してあろ。申すと仕組成就せんなり。知らさんので改心遅れるなり。心の心で取りてくだされよ。

肉体は霊の衣と申してあろ。衣が霊を自由にしてはならんぞ。衣には衣の約束あるぞ。衣ぢゃと申して粗末してはならん。いずれも神の現れであるぞ。内には内の内があり、外には外の外があるぞ。

人褒《ほ》めよ。人褒めることは、己褒めることぞ。

この巻、秋の巻。

四月十一日

日津久神《ひつくのかみ》

第三十巻　冬の巻　全一帖　補帖一帖

自　昭和二十七年五月五日
至　昭和二十七年六月九日

全一帖　（七七一）

宇宙は、霊の霊と、物質とからなっているぞ。人間もまた同様であるぞ。宇宙にあるものは皆人間にあり、人間にあるものは皆宇宙にあるぞ。人間は小宇宙と申して、神の雛型《ひながた》と申してあろ。

人間には、物質界を感知するために、五官器があるぞ。霊界を感知するために、超五官器あるぞ。神界は、五官と超五官と和して知り得るのであるぞ。この点、誤るなよ。

霊的自分を正守護神と申し、神的自分を本守護神と申すぞ。幽界的自分が副守護神ぢゃ。本守護神は大神の歓喜であるぞ。神と霊は一つであって、幽と現、合わせて三ぞ。この三は三にして一、一にして二、二にして三であるぞ。ゆえに、肉体のみの自分もなければ、霊だけの自分もない。

神界から真直ぐに感応する想念を、正流と申す。幽界を経て、また幽界より来たる想念を、外流と申すぞ。人間の肉体は、想念の最外部、最底部をなすものであるから、肉体的動きの以前において、霊的動きが必ずあるのであるぞ。ゆえに人間の肉体は、霊の入れものと申してあるのぞ。

また、物質界は霊界の移写であり、衣であるから、霊界と現実界、また霊と体とは、ほとんど同じもの、同じ形をしているのであるぞ。ゆえに、物質界と切り離された霊界はなく、霊界と切り離した、交渉なき現実界はないのであるぞ。

人間は霊界より動かされるが、また人間自体より醸《かも》し出した霊波は、反射的に霊界に反映するのであるぞ。人間の心の凸凹《でこぼこ》によって、一は神界に、一は幽界に反映するのであるぞ。幽界は人間の心の影が生み出したものと申してあろがな。

すべては大宇宙の中にあり、その大宇宙である大神の中に、大神が生み給《たま》うたのであるぞ。このこと、よくわきまえてくだされよ。善のこと、悪のこと、善悪のこと、よく分かってくるのであるぞ。

ゆえに、人間の生活は霊的生活、言の生活であるぞ。肉体に食うことあれば、霊にもあり、言《こと》を食べているのが霊ぞ。霊は言ぞ。この点が最も大切なことぢゃから、くどう申しておくぞ。

死んでも物質界と繋がりなくならん。生きている時も、霊界とは切れん繋がりあること、とくと会得せよ。そなた達は神を祭るにも、祖先祭るにも、物質の目当て作るであろうがな。それはまだまだ未熟なことぞ。

死後においても、現実界に自分がある。それはちょうど、生きている時も半分は霊界で生活しているのと同じであるぞ。

自分の衣は、自分の外側であるぞ。自分を霊とすると、衣は体、衣着た自分を霊とすれば、家《いえ》は体、家《いえ》にいる自分を霊とすれば、土地は体であるぞ。

さらに、祖先は過去の自分であり、子孫は新しき自分、未来の自分であるぞ。兄弟姉妹は、最も近き横の自分であるぞ。人類は横の自分、動、植、鉱物は更にその外の自分であるぞ。切り離すことできん。自分のみの自分はないぞ。縦には神との繋がり切れんぞ。限りなき霊との繋がり切れんぞ。ゆえに、神は自分であるぞ。一切は自分であるぞ。一切が喜びであるぞ。

霊界における自分は、殊に先祖との交流、交渉深いぞ。よって、自分の肉体は自分のみのものでないぞ。先祖霊と交渉深いぞ。神は元より、一切の交渉あるのであるぞ。その祖先霊は、神界に属するものと、幽界に属するものとあるぞ。中間に属するものもあるぞ。神界に属するものは、正流を通じ、幽界に属するものは、外流を通じて自分に反応してくるぞ。正流に属する祖先は、正守護神の一柱であり、外流に加わるものは、副守護神の一柱と現れてくるのであるぞ。外流の中には、動植物霊も交ってくることあるぞ。それは、己の心の中にその霊と通ずるものあるためぞ。一切が自分であるためぞ。常《つね》に一切を浄化せねばならんぞ。霊は常《つね》に体を求め、体は霊を求めてござるからぞ。霊体一致が喜びの根本であるぞ。

一つの肉体に、無数の霊が感応し得るのざ。それは霊なるがゆえにであるぞ。霊には、霊の霊が感応する。また高度の霊は、無限に分霊するのであるぞ。二重三重人格と申すのは、二重三重の憑《つ》きものの転換によるものであり、群集心理は、一時的の憑依《ひょうい》霊であると申してあろうがな。霊が元と申してくどう知らしてあろが。

人間は現界、霊界共に住んでおり、その調和を図らねばならん。自分は、自分一人でなく、縦にも横にも無限に繋がっているのであるから、その調和を図らねばならん。それが人間の使命の最も大切なことであるぞ。調和乱すのが悪ぞ。

人間のみならず、すべて偏してならん。霊に偏してもならん。霊も五、体も五と申してあろ。ぢゃが、主は霊であり、体は従ぞ。神は主であり、人間は従であるぞ。五と五と同じであると申してあろ。差別即平等と申してあろ。取り違い禁物ぞ。

神は愛と現れ、真《しん》と現れるのであるが、その根は喜びであるぞ。神の子は皆喜びぢゃ。喜びは弥栄ぞ。ぢゃが、喜びにも正流と外流とあるぞ。間違えてならんぞ。正流の歓喜は愛の善となって現れて、また真《しん》の信と現れるぞ。外流の喜びは愛の悪となって現れるぞ。いずれも大神の現れであること忘れるなよ。悪抱き参らせて進むところに、まことの弥栄あるのであるぞ。

神は弥栄ぞ。これでよいと申すことないのであるぞ。大完成から超大大完成へ向かって常《つね》に弥栄しているのであるぞよ。宇宙はすべてにおいても、個々においても、すべて喜びから喜びに向かって呼吸しているのぞ。喜びによって創られて、喜んでいるのであるぞ。ゆえに、喜びなくして生きないぞ。合一はないぞ。愛は、愛のみでは喜びでないぞと申してあろ。真《しん》は真《しん》のみでは喜びでないと申してあろが。愛と真《しん》と合一し、・するところに、陰と陽と合一、弥栄したところに喜びあるのぢゃぞ。

この巻、冬の巻。

五月五日の佳き日

日《ひ》津《つ》久神《くのかみ》

補帖　（七七二）

病開《ひら》くことも、運開《ひら》くことも、皆己からぢゃと申してあろ。誰でも、何でも良くなるのが、神の道、神の御心《み》ぢゃ。親心ぢゃ。悪くなるということないのぢゃ。迷いが迷い生むぞ。元々、病も不運もない、弥栄のみ、喜びのみぢゃ。神が喜びぢゃから、その生んだもの、皆喜びであるぞ。この道理よくわきまえよ。

毎日毎日、太陽と共に、太陽について起き上がれよ。その日の仕事、与えられるぞ。仕事命《いのち》と仕え奉《まつ》れよ。朝寝するからチグハグとなるのぢゃ。不運となるのぢゃ。仕事なくなるのぢゃ。神についてゆくことが祈りであるぞ。喜びであるぞ。

食べ物、食べ過ぎるから病になるのぢゃ。不運となるのぢゃ。口から出るもの、入るもの、気つけよ。戦起こるのぢゃ。人間の病や、戦ばかりでない。国は国の、世界は世界の、山も川も海も皆病となり、不運となってくるぞ。食べないで死ぬことないぞ。食べるから死ぬのぢゃぞ。

一椀を取って、まず神に供えよ。親に捧げよ。子に捧げよ。腹八分《はちぶ》の二分《にぶ》は捧げよ。食べ物こそは、神から、親から与えられたものであるぞ。神に捧げずに貪《むさぼ》るから巡り積むのぢゃ。巡りが不運となり、病となるのぢゃぞ。運開《ひら》くのも、食べ物慎めばよい。言《こと》慎めばよい。腹十分食べてはこぼれる。運は詰まって開《ひら》けん。この分かりきったこと、なぜに分からんのぢゃ。

捧げるからこそ、いただけるのぢゃ。いただけたら捧げると今の人民申しているが、それが裏腹と申すもの。衣類も家《いえ》も土地も、皆神からいただいたのでないぞ。預けられているのであるぞ。人民に与えられているものは、食べ物だけぢゃ。日の恵み、月の恵み、地の恵みだけぢゃぞ。その食べ物節してこそ、捧げてこそ、運開《ひら》けるのぢゃ。病治るのぢゃ。人民、日干しにはならん。心配無用。食べ物、今の半分で足りると申してあろが。

遠くて近いもの、一二三《ひふみ》の食べ方してみなされよ。運開《ひら》け、病治って嬉し嬉しと輝くぞ。そんなことくらいで、病治ったり、運開《ひら》けるくらいなら、人民はこんなに苦しまんと申すが、それが理屈と申すもの。理屈悪と申してあるもの。低い学に囚われた盲《めくら》、聾《つんぼ》と申すものぞ。

理屈捨てよ。捨ててやってみなされ。皆々、気つかん道、気つかん病になっているぞ。憑《つ》きものが鱈腹《たらふく》食べていることに気づかんのか。食べ物節すれば、憑きもの改心するぞ。まず百日を目当てに、百日過ぎたら一年を、三年続けたら、開運間違いなし。病もなくなって、嬉し嬉しとなるぞ。三年目、五年目、七年目ぞ。目出度《めでた》いなあ、目出度いなあ。

日津久神《ひつくのかみ》

六月九日

補巻　月光の巻　全六十二帖

自　昭和三十三年十二月二十五日
至　昭和三十四年　三月　　三日

第一帖　（七七三）

成り成りて成り余れる所もて、成り成りて成り合わざる所を塞《ふさ》ぎて、国生みせなならんぞ。この世の国生みは、一つ面《おもて》でしなければならん。美斗能麻具波《みとのまぐは》比《ひ》でなくてはならんのに、面《おもて》を一つにしていないではないか。それでは、今度のことは成就せんのであるぞ。

第二帖　（七七四）

奇数と奇数を合わしても偶数、偶数と偶数を合わしても偶数であることを忘れてはならんぞ。奇数と偶数を合わして、初めて新しき奇数が生まれるのであるぞ。今度の岩戸開《びら》きには、水蛭子《ひるこ》生むでないぞ。淡島生むでないぞ。

第三帖　（七七五）

今度は、八の隈《くま》では足らん。十の隈《くま》、十の神を生まねばならんぞ。そのほかに、隠れた二つの神、二つの隈《くま》を生みて、育てねばならんことになるぞ。

第四帖　（七七六）

天之御中主神《あめのみなかぬしのかみ》のその前に、天譲日天之狭霧尊《あめゆずるひあめのさぎりのみこと》、国譲月国之狭霧尊《くにゆずるつきくにのさぎりのみこと》あるぞ。☉の☉の☉であるぞ。その前に・あること忘るるなよ。

第五帖　（七七七）

十種《とくさ》、十二種《じゅうにくさ》の神宝《かんだから》、沖津鏡《おきつかがみ》、辺津鏡《へつかがみ》、八握剣《やつかのつるぎ》、九握剣《ここのつかのつるぎ》、十握剣《とつかのつるぎ》、生玉《いくたま》、死返玉《まかるかへしのたま》、足玉《たるたま》、道返玉《ちかへしのたま》、蛇比礼《おろちのひれ》、蜂比礼《はちのひれ》、品之比礼《くさくさのひれ》であるぞ。

ム（無《む》）一二三四五六七八九十《ひとふたみよいつむななやここたり》ウ（有《う》）であるぞ。ウ十九八七六五四三二一《たりここやななむいつよみふたひと》ムであるぞ。唱《とな》えよ。宣《の》り上げよ。

第六帖　（七七八）

天照大神《あまてらすおおかみ》は、高天原《たかあまのはら》をしらすべし。また、高天原《たかあまのはら》をしらすべし。また、高天原《たかあまはら》をしらすべし。月読大神《つきよみのおおかみ》は、天照大神《あまてらすおおかみ》と共に、天《あめ》のことをしらすべし。また、滄海原《あおうなはら》の潮《しお》の八百重《やおえ》をしらすべし。また、夜《よる》の食国《おすくに》をしらすべし。素戔鳴大神《すさなおのおおかみ》は、滄海原《あおうなのはら》をしらすべし。また、滄海原《あおうなはら》をしらすべし。また、天《あま》が下《した》をしらすべし。

第七帖　（七七九）

大奥山は、神人交流の道の場である。道は口で説くものではない。行ずるものである。教えは説かねばならない。

多数決が悪多数決となるわけが、なぜに分からんのぢゃ。投票で代表を出すと、ほとんどが悪人か狂人であるぞ。世界が狂い、悪となり、人民も同様となっているから、その人民の多くが選べば選ぶほど、益々混乱してくるのであるぞ。それよりほかに人民の得心できる道はないと申しているが、道はいくらでもあるぞ。人民の申しているのは、平面の道。平面のみでは乱れるばかり。立体に綾《あや》なせば、弥栄えて真実の道が分かるのぢゃ。ぢゃと申して、独裁ではならん。結果から見れば神裁ぢゃ。神裁とは、神人交流によることぞ。

十二月二十五日

神は嘘つきぢゃと人民申しても、悪い予言は嘘にしたいので、日夜の苦労、堪《こら》えられるだけ堪《こら》えているのである。もう、物ばかりでは治まらんこと、金《きん》では治まらんこと、平面のみでは駄目であること、よく分かっているのに兜脱げん神々様よ、気の毒が来ぬ前に改心結構。

遠くからでは分からんし、近づくと迷うし、理屈捨てて神に惚れ参らせよ。

よくこの神を騙《だま》してくれたぞ。この神が騙されたればこそ、大神の目的なってくるのぢゃ。細工は流々《りゅうりゅう》、仕上げ見てくだされよ。

区別すると力出るぞ、同じであってはならん。平等でなくてはならんが、区別なき平等は悪平等である。

天に向かって石を投げるようなことは、早くやめねばならん。霊懸《れいがか》りもやめてくだされよ。

人民が絶対無と申しているところも、絶対無ではない。科学を更に浄化弥栄させねばならん。空間、時間が霊界にないのではない。その標準が違うから、ないと考えてよいのである。

奥山は奥山と申してあろ。いろいろな円居《まどい》を作ってもよいが、いずれも分かれ出た円居。一つにしてはならん。奥山はありてなきもの、なくてある存在である。奥山と他のものと混ぜこぜまかりならん。大き一つではあるが、別々ぞ。今までになかった奥山のあり方、分からんのも無理ないなれど、これが分からねば、この度の大神業、分かりはせんぞ。

第八帖　（七八〇）

神の御用は、神のみことのままでなくては成就せん。皆々釈迦ぞ、キリストぞ。もっと大き計画持ちてござれ。着手はできるところからぞ。摑めるところから神を摑めよ。部分から作り上げなされよ。

我《が》出してはならん。そなたは、それでいつもしくじっているでないか。天狗《てんぐ》ではならん。

心できたら、足場固めねばならん。神の足場は人ぢゃ。三千の足場、五千の足場。

第九帖　（七八一）

気の合う者のみの和は、和ではない。色とりどりの組み合わせ、練り合わせこそ、花咲くぞ。すべてが神の子ぢゃ。大神の中で弥栄ぞ。大き心、広き心、長い心、結構。なかなかに合わんと申すなれど、一つ家族でないか。心得なされよ。夫婦喧嘩するでない。夫のみいかんのでない、妻のみ悪いのでないぞ。お互いに己の姿を出し合っているのぞ。よく会得せよ。

分からんことが更に分からなくなるぞ。聞きたいことは何でも聞けよ。大グレ目の前。阿呆になれよ。一《ひと》まずは、月の世となるぞ。引っ繰り返り、びっくりぢゃ。

第十帖　（七八二）

一はいくら集めても一ぢゃ。二も三も四も五も同様ぞ。○に返り、○によって結ばれるのぢゃ。○が結びぞ。弥栄ぞ。喜びぞ。

第十一帖　（七八三）

病むことは、神から白紙の手紙をいただいたのぢゃと知らしてあろ。心して読めよ。ありがたき神からの手紙ぞ。疎《おろそ》かならん。腹八分《はちぶ》。二分《にぶ》はまず捧げよ。運開《ひら》けるぞ。病治るぞ。

第十二帖　（七八四）

逃げ道作ってから追わねばならん。そなたは相手の逃げ道を塞《ふさ》いでギュウギュウ追い詰めるから、逆恨みされるのぢゃ。逆恨みでも、恨みは恨みの霊団を作り出すぞ。

悪を抱けよ。消化せよ。浄化せよ。何もかも、大神の許し給《たま》えるものなるがゆえに存在する。

そなたは、神に凝り固まっているぞ。凝り固まると、動きの取れんことになる。一度そなたの持つ神を捨てるとよいぞ。捨てると摑めるぞ。

第十三帖　（七八五）

木にも竹にも石にも道具にも、それぞれの霊が宿っているのである。人間や動物ばかりでなく、すべてのものに宿っているのである。宿っているというよりは、霊と体とで一つのものが出来上がっているのである。一枚の紙の裏表のようなもの。表ばかりのものもない。裏ばかりのものもない道理。数字にも文字にもそれぞれの霊が宿っており、それぞれの働きをしているのであるぞ。

順序が分かれば初段、和に徹すれば名人。

第十四帖　（七八六）

流れ出たものはまた元に返ると申しても、そのままでは返られんのであるぞ。天から降《ふ》った雨がまた天に昇るには、形を変えるであろうが。この道理をわきまえんと、悪神懸《かみがか》りとなるぞ。

それは、そなたの自己欲から出ているぞ。自己欲もなくてはならんが、段々浄化してゆかねばならん。浄化して大き自己の欲とせよ。自分のみの欲となるから、弥栄えんのぢゃ。弥栄えんもの、神の御《み》心に逆行。

自分で判断できることを、なぜに聞くのぢゃ。神に聞けば、神に責任を着せるのと同様ぞ。人間の悪い癖ぞ。出直せよ。

第十五帖　（七八七）

与えることはいただくことぢゃと申しても、度を過ぎてはならん。過ぎると、過ぎるものが生まれて、生んだそなたに迫ってくるぞ。

第十六帖　（七八八）

五十九柱と申してあるが、その中の九柱は隠れた柱ぢゃ。ⓨⓘⓤⓔⓨⓦⓘⓔ

㋾ぞ。㊀㊁㊂㊃㊄㊅㊆㊇㊈ぞ。この九柱は、◯ぞ。心得なされよ。現れの五十柱の陰の、隠れた九柱、心して大切申せよ。

真直ぐに真上に神をいただくと申すことは、上ばかりではないぞ。真下にも横にも前後にも、立体三六〇度に真直ぐに神をいただかねばならんということぞ。神人交流の第一歩。

第十七帖（七八九）

そなたの仕事、思いつき結構であるが、神の御《ご》意志をいただかねば成就せん。神と申しても、そなたが勝手に決めた神や、宗教で固めた制限された神ではないぞ。分かっただけでは駄目ぞ。行じねばならん。生活しなければならん。芸術しなければならん。

第十八帖　（七九〇）

現実的には不合理であっても、不合理にならぬ道を開《ひら》くのが、霊現交流の道であり、立体弥栄の道、ゆき詰まりのない道、新しき世界への道である。平面のみではどうにもならない時となっているのに、何してござるのか。黒船にびっくりしては間に合わん。

第十九帖　（七九一）

釈迦、キリスト、マホメット、その他世界の命《いのち》ある教祖及びその指導神を、御《み》光の大神様と称え奉《まつ》れと申してあろうが。大日月地大神様《おおひつきくにのおおかみ》の一つの現れぞと申してあろうが。なぜに御《み》光の大神様として斎《いつき》祭らんのぢゃ。宗教せぬのぢゃ。そこにひかり教会としての力が出ないのぢゃ。

人民の憂《う》き瀬に悩むを救うのは、意富加牟豆美神《おほかむづみのかみ》であるぞ。この働きの神名、忘れてはならん。この方《ほう》は、意富加牟豆美神《おほかむづみのかみ》とも現れるぞと知らせてあること、忘れたのか。

第二十帖　（七九二）

大奥山と教会とを混ぜこぜしてはならん。教会やその他の円居《まどい》は現れ、大奥山は隠れぢゃ。大奥山は、この度の大御神業《ごしんぎょう》に縁《ゆかり》のある神と人とを引き寄せて練り直し、御用に使う仕組。見てござれ、人民には見当取れんことになるぞ。

第二十一帖　（七九三）

大奥山から流れ出た円居《まどい》は、ひかり教会のみでないぞ。いくらもあるのぢゃ。出てくるぞ。ゆえに大奥山に集《つど》った者が、皆ひかり教会員ではない。それぞれの身魂《みたま》の因縁によって、いろいろな円居に属する。この点、よく心得なされよ。大奥山はありてなき存在。人間の頭で消化されるような小さい仕組してないぞ。大奥山だけに関係持つ人もあるのぢゃ。囚われてはならん。

三千世界を一つに丸めるのが、この度の大神業ぞ。世界一家は目の前。分からん者は邪魔せずに見物してござれ。神の仕組、間違いなし。

第二十二帖　（七九四）

産土《うぶすな》様によくお願いなされよ。忘れてはならんぞ。宗教に凝り固まって忘れる人が多いぞ。

他の神を拝してはならんという、そなたの信仰はそれだけのもの。早う卒業、結構。

第二十三帖　（七九五）

他の宗教に走ってはならんという宗教も、それだけのもの。分からんと申してもあまりであるぞ。同じ所に天国もあり、地獄もあり、霊界もあり、現実界もあり、過去も未来も中今《なかいま》にあるのぞ。同じ部屋に他の神や仏を祭ってはならんと申す一方的な盲《めくら》宗教には、盲が集まるのぢゃ。

病気が治ったり運が開《ひら》けたり、奇跡が起こったりするのみを、お蔭《かげ》と思ってはならん。もちと大き心、深い愛と真《しん》の世界を拝めよ。溶け入れよ。浄化が第一。

金が好きなら、金を拝んでもよいのぢゃ。区別と順序さえ心得ておれば、何様を拝んでもよいぞ。金を拝めば金が流れてくるぞ。金を拝み得ぬ意固地さが、そなたを乏しくしたのぢゃ。赤貧は自慢にならん。無神論も自慢にならん。清貧は負け惜しみ。清富になれよと申してあろうが。清富こそ弥栄の道、神の道、大日月地大神《おおひつきくにのおおかみ》のまことの大道ぞ。

第二十四帖　（七九六）

怒ってはならん。急いではならん。怒ると怒りの霊界との霊線が繋がり、思わぬ怒が湧いて、ものを壊してしまうぞ。

大神の仕組に狂いはないぞ。皆々、安心してついてござれよ。

第二十五帖　（七九七）

食べ物は、科学的栄養のみに囚われてはならん。霊の栄養、大切。自分と自分と和合せよと申してあるが、肉体の自分と魂の自分との和合できたら、も一段奥の魂と和合せよ。更に、また奥の自分と和合せよ。一番奥の自分は、神であるぞ。

高い心境に入ったら、神を拝む形式はなくともよいぞ。なすこと、心に浮ぶこと、それ自体が礼拝となるからぞ。

山も自分、川も自分、野も自分、海も自分ぞ。草木動物ことごとく自分ぞ。歓喜ぞ。その自分できたら、天を自分とせよ。天を自分にするとは、ム（無《む》）にすることぞ。○に化すことぞ。ウ（有《う》）とムと組み組みて、新しきムとすることぢゃ。

第二十六帖（七九八）

現状を足場として進まねばならん。現在のそなたの置かれていた環境は、そなたが作り上げたものでないか。山の彼方に理想郷があるのではないぞ。そなたは、そなたの足場から出発せねばならん。よしそれが地獄に見えようとも、現在においては、それが出発点。それよりほかに道はないぞ。

十二月三十一日

第二十七帖（七九九）

祓《はら》いは結構であるが、厄祓《やくばら》いのみでは結構とはならんぞ。それはちょうど、悪をなくすれば善のみの地上天国が来ると思って、悪をなくすることに努力した結果が、今日の大混乱を来したのと同じであるぞ。よく考えてくだされよ。善と申すも悪というも、皆ことごとく大神の腹の中であるぞ。大神が許し給《たま》えばこそ、存在しているのであるぞ。この道理をよく会得せよ。祓《はら》うと申すのは、なくすることではないぞ。調和することぞ。和して弥栄することぞ。

第二十八帖（八〇〇）

厄《やく》も祓《はら》わねばならんが、福も祓《はら》わねばならん。福祓《はら》いせよと申してあろうが。厄のみでは祓《はら》いにならん。福のみでも祓《はら》いにならんぞ。厄祓《やくばら》いのみしたから、今日の乱れた世相となったのぢゃ。この分かりきった道理が、なぜに分からんのか。悪を抱き参らせよ。善も抱き参らせよ。抱くには○にならねばならんぞ。

第二十九帖　（八〇一）

本《もと》を正さねばならん。間に合わんことになるぞ。心の改心すれば、どんなお蔭《かげ》でも取らすぞ。

外国は火の雨ぢゃなあ。世界一度に改心。

第三十帖　（八〇二）

心の入れ換えせよとは、新しき神界との霊線を繋ぐことぞ。そなたは我《が》が強いから、我《が》の強い霊界との交流が段々と強くなり、我《が》の虫が生まれてくるぞ。我《が》の病になってくるぞ。その病は自分では分からんぞ。わけの分からん虫湧くぞ。わけの分からん病、流行《はや》るぞと申してあるが、そのことぞ。肉体の病ばかりでないぞ。心の病激しくなっているから、気つけてくれよ。人々にもそのことを知らせて、共に栄えてくれよ。この病を治すのは、今日までの教えでは治らん。病を殺してしもうて、病をなくしようとて、病はなくならんぞ。病を浄化しなければならん。悪を殺すという教えや、やり方ではならんぞ。悪を抱き参らせてくだされよ。

第三十一帖 （八〇三）

足の裏を綺麗に掃除なされよ。外から見えん所が、穢《けが》れているぞ。日本の国よ、そなたも同様、世界よ、そなたも同様ぞ。

出雲の神の社を変えて、竜宮の乙姫様のお社を陸《りく》に造らねば、これからの世は動き取れんことになるぞ。

一切が自分であるぞということは、たとえでないぞ。そなたは、食べ物は自分でないと思うているが、食べるとすぐ自分となるでないか。空気も同様、水も同様ぞ。火も同様、大空もそなたぞ。山も川も野も海も、植物も動物も同様ぞ。

人間は横の自分ぞ。神は縦の自分ぞ。自分を見極めねばならん。自分を疎《おろそ》かにしてはならん。一切を受け入れねばならんぞ。一切に向かって感謝しなければならんと申してあろうが。

三十四年一月三日

第三十二帖 （八〇四）

世界連邦と申しているが、地上世界のみの連邦では成就せん。片輪車で、いつまで経ってもドンテンドンテンぢゃ。心してくだされよ。なぜに霊界、神界をひっくるめた、三千世界連邦としないのか。要らぬ苦労はせぬものぢゃ。

第三十三帖　（八〇五）

まことから出たことは、誰の願いも同様。心配せずに、ドシドシと進めてくだされよ。もしゆき詰まったら、省みよ。ゆき詰まった時は、大きく開《ひら》ける時ぢゃ。ぢゃと申して、人心《ひとごころ》で急ぐでないぞ。急ぐと道が見えなくなってくるぞ。そなたの考えてござることは、自己中心でないか。我《われ》よしの、小さい我《われ》よしではならん。大きな我《われ》よし、結構ぞ。

犠牲になることを尊いことぢゃと申しているが、犠牲に倒れてはならん。己を生かすために、他を殺すのもいかん。己殺して、他を生かすのもいかん。大の虫を生かすため、小の虫を殺すことはやむを得んことぢゃと申したり、教えたりしているが、それもならんぞ。すべてを殺さずに、皆が栄える道があるでないか。なぜに筆を読まぬのぢゃ。

第三十四帖　（八〇六）

神懸《かみがか》りは、よしなされよ。

そなたは学に囚われてござるぞ。科学を越えて、神の学に生きてくだされよ。そなたは、自分で自分の首を絞めるようなことをしてござるぞ。自分で勝手に、小さい自分の神を作っているぞ。一度、その神を捨てなされ。固く抱きしめたり、閉じ込めているから、分からんことにゆき詰まるのぢゃ。分かりたか。我《が》と分からん我《が》を、気つけなされよ。今一息《ひと》というところぞ。

第三十五帖　（八〇七）

化物に化かされんよう、お蔭《かげ》落とさんようにしてくだされよ。

善いことを申し、善い行をしていても、よくない人があるのぢゃ。よくないことも御用の一つではあるが、そなたはまだそれを消化するほどのところまで行っていないぞ。小学生が、大学生の真似してはならん。そなたは、まだ欲があるぞ。欲を、小さい自分ばかりの欲を捨てなされ。そして、まことの大深欲になりなされよ。その気持ちさえ動いてくれれば、何事も見事成就するぞ。

第三十六帖　（八〇八）

行は世界中の行。誰一人、逃《のが》れるわけにはゆかんぞ。巡り果たした者から、嬉し嬉しになる仕組。そなたの心配、一応は無理ないなれど、どこでどんなことをしていても、身魂磨けてさえおれば心配なくなるぞ。心配は磨けておらぬ証拠ぞ。

そなたは、物に不足するところぼしてござるなれど、物に不足するのは、心に足らぬところがあるからぞ。心至れば物至るぞ。何事も神の申すとおり、素直になされよ。素直、結構ぢゃなあ。

第三十七帖　（八〇九）

そなたのやることは、いつも時が外れてござるぞ。餅つくには、つく時あるぞと知らしてあろが。時の神を忘れてはならんぞ。春には春のこと、夏は夏のことぢゃ。

そなたは、御神業《ごしんぎょう》ぢゃと申して、他に迷惑掛けているでないか。そこから改めねばならん。鼻摘まみの御神業《ごしんぎょう》はないのであるぞ。

そなたは、お先真っ暗ぢゃと申しているが、夜明けの前は暗いものぞ。暗い闇《やみ》のあとに夜明けが来ること、分かっているであろが。

神はすべてを見通しであるから、すぐのお蔭《かげ》は小さいぞ。利子つけた大きなお蔭を、結構にいただいてくだされよ。

第三十八帖　（八一〇）

初めの喜びは食べ物ぞ。次は異性ぞ。いずれも大きな驚きであろうがな。これは和すことによって起こるのぞ。溶け合うことによって喜びとなるのぢゃ。喜びは神ぢゃ。和さねば苦となるぞ。悲しみとなるぞ。

まず、自分と自分と和合せよと申してあろうが。そこにこそ、神の御《おん》働きあるのぢゃ。ぢゃが、これは外の喜び、肉体の喜びぞ。元の喜びは、霊の食べ物を食うことぞ。その大きな喜びを与えてあるのに、なぜ手を出さんのぢゃ。その喜び、驚きをなぜに求めんのぢゃ。なぜに筆を食べないのか。見るばかりでは、身につかんぞ。よく噛みしめて味わいて、喜びとせんのぢゃ。喜びが神であるぞ。

次には、神との交わりぞ。交流ぞ。和ぞ。そこには、かつて知らざりし驚きと大歓喜が生まれるぞ。神との結婚による、絶対の大歓喜あるのぢゃ。神が霊となり、花婿《むこ》となるのぢゃ。人民は花嫁となるのぢゃ。分かるであろうが。この花婿は、いくら年を経ても花嫁を捨てはせぬ。永遠に続く結びぢゃ。結婚ぢゃ。何ものにも比べることのできぬ驚きぞ。喜びぞ。花婿殿が手を差し伸べているのに、なぜに抱かれんのぢゃ。神は理屈では分からん。夫婦の交わりは説明できまいがな。神が分かっても交わらねば、神と溶け合わねば、真理は分からん。何とした結構なことかと、人民びっくりする仕組ぞ。神と交流し結婚した大歓喜は、死を越えた永遠のものぞ。消えざる火の大歓喜ぞ。これがまことの信仰。神は花嫁を求めてござるぞ。早う神の懐《ふところ》に抱かれてくだされよ。

二月一日

第三十九帖　（八一一）

何事が起こってきても、そなたはまず喜べよ。それが苦しいことでも、悲しいことでも、喜んで迎えよ。喜ぶ心は喜び生むぞ。人民喜べば、神喜ぶぞと申してあろうが。天地晴れるぞ。輝くぞ。

そなたは、先ばかり見ているぞ。足で歩くのぢゃ。足下《あしもと》に気つけねばならんぞよ。

そなたは、自分一人で勝手に苦しんでござるなれど、皆が仲良う相談なされよ。相談、結構ぢゃなあ。相談して、悪いことは気つけ合って進んでくだされよ。

第四十帖（八一二）

分からんことは筆に聞くがよいぞ。遠慮いらん。

そなたは、一足飛びに二階に上《のぼ》りたい気持ちが抜けない。何事も一段ずつ、一歩ずつ進まねばならん。それよりほかに進み方はないのぢゃぞ。

まず、そなたの中にいる獣《けだもの》を言《こと》向け合わさねばならんぞ。よく話し、教え、導かねばならん。獣《けもの》を、人間と同じにしようとしてはならん。獣《けもの》は獣《けもの》として導かねばならん。金は金、鉛は鉛ぞ。鉛を金にしようとしてはならん。鉛は鉛として磨かねばならんぞ。浄化とはそのこと。

世は七度の大変わり。いよいよの段階に入ったら、何が何だか、我《われ》よしの人民にはいよいよ分からなくなり、焦れば焦るほど、深みに落ち込むぞ。心の窓を大きく開《ひら》いて、小さい我《が》の欲を捨てると、遠くが見えてくるのぢゃ。見えたら、まず自分の周囲に知らせねばならん。知らすことによって、次の道が開《ひら》けてくるのぢゃ。自分だけでは、嬉し嬉しとならん。嬉しくないものは、弥栄しないぞ。

冬になったら冬籠《ふゆごも》りぞ。死ぬ時には、死ぬのが弥栄ぞ。遊ぶ時は、遊ぶがよいぞ。言《こと》と、時と、その順序さえ心得てござれば、何をしても、何を話しても、何を考えてもよいのぢゃ。

第四十一帖　（八一三）

そなたは、いつも深刻な顔をして考え込んでいるが、考え方にも幾通りもござるぞ。考えは迷いと申してあるのは、そなたのような場合ぞ。そなたは、苦に向かい、苦に勝ったつもりで苦を楽しんでござるが、苦は曲がることぞと知らしてあろが。苦を作り出してはならんぞ。苦を楽しむより、楽を楽しむ心高いぞと知らしてあろ。苦しむと曲がり、楽しむと伸びるぞ。

二月十日

第四十二帖（八一四）

未来に燃えることが、現在に生きることであるぞ。そなたは、現在に生きる努力が足らん。夢ばかり追っていては、泡沫《うたかた》ぢゃ。

そなたは、先祖に対する考え方が間違っているぞ。先祖はそなたではないか。地下にあるそなたの根が先祖でないか。根のない草木は、すぐ枯れる道理ぢゃ。先祖は家《うち》を継いだ兄が祭っているから、分家した自分は先祖は祭らいでもよいのぢゃと申してござるなれど、よく考えてくだされよ。根から芽が出て幹となり、枝が栄えているのと同様ぞ。枝には根は要らんと申すのと同じような間違いであるぞ。分家しても先祖祭らねばならん。先祖を疎《おろそ》かにするでないと、気つけてあるでないか。

第四十三帖　（八一五）

そなたはまだ方便を使っているが、方便の世は済んでいるのぞ。方便の教えとは、横の教え、いろはの教え、平面の教えのことぞ。仏教もキリスト教も回教も、皆方便でないか。教えは皆方便ぢゃ。教えではどうにもならん。ギリギリの世となっているのぞ。道でなくてはならん。変わらぬ大道でなくてはならんぞ。方便《ほうべん》の世は済んで方便《ホウベン》の世となり、その方便《ホウベン》の世もやがて終わるぞと知らしてあろうが。道とは、三界を貫く道のことぞ。宇宙に満ち満つ・のあり方ぞ。法則ぞ。秩序ぞ。神の息吹《いぶき》ぞ。弥栄ぞ。喜びぞ。分かりたか。

第四十四帖　（八一六）

この道に入ると損をしたり、病気になったり、怪我をすることがよくあるなれど、それは大難を小難にし、また、巡りが一時に出てきて、その借銭済ましをさせられているのぢゃ。借りたものは返さねばならん道理ぢゃ。損もよい、病気もよいぞと申してあろうが。ここの道理もわきまえず理屈申しているが、そんな人民の機嫌取りする暇はなくなったから、早う神心《かみごころ》になってくだされよ。

そなたは祈りが足らんぞ。祈りと申すのは、心で祈り願うことでないぞ。実行せねばならん。地上人は、物としての行動をしなければならんぞ。口と心と行《おこな》いと三つ揃《そろ》わねばと申してあること、忘れたか。

第四十五帖　（八一七）

まことに祈れと申してあろう。まこととは、◯《ま》一二三四五六七八九十《こと》のことと申してあろ。ただ心で祈るばかりでは、自分で自分を騙《だま》すこととなるのぢゃ。自分を偽ることとは、神を偽ることとなるのぢゃ。まことで祈れば、何事もスラリスラリと叶う結構な世ぞ。

第四十六帖（八一八）

考えていては何も成就せんぞ。神界と交流し、神界に生き、神界と共に弥栄すればよいのぢゃ。人間だけの現実界だけで処理しようとするのが、今までの考えぢゃ。今までの考えでは、人間の迷いぞと申してあろがな。迷いを払って、真実に生きよ。鎮魂《みたましずめ》ぢゃ。鎮神《かみしずめ》ぢゃ。

そなたは、信仰のあり方を知らんぞ。長い目で、永遠の立場からの幸《さち》が、歓喜がお蔭《かげ》であるぞ。局部的、一時的には嫌なことも起こってくるぞ。天地を信じ、自分を知り、人を理解するところにこそ、まことの弥栄あるぞ。騙《だま》すものには騙されてやれよ。一《ひと》まず騙されて、騙されんように導いてくだされよ。そなたは、そんな場合に我《が》を出すからしくじるのぞ。騙されてやろうとするから、カスが残るのぞ。まことに騙される修行が大切ぢゃなあ。

第四十七帖　（八一九）

八のつく日に気つけと申してあろ。八とは開《ひら》くことぞ。物事は開《ひら》く時が大切ぢゃ。第一歩の前に〇歩があるぞ。〇歩が大切ぞ。心せよ。

そなたは、ゆき詰まって苦しんでござるなれど、それは間違った道を歩んできたからぞ。ゆき詰まりはありがたいぞ。省みる時を与えられたのぢゃ。身魂磨きさえすれば、何事もはっきりと映りて、楽にゆける道がちゃんと作ってあるのぢゃ。その人その人に応じて、いかようにでも開《ひら》けゆくぞ。犬猫でさえ楽々と栄えているでないか。洗濯次第で、どんな神徳でも与えるぞ。

二月十八日

第四十八帖（八二〇）

世界中を泥の海にせねばならんところまで、それよりほかに道のないところまで押し迫ってきたのであるが、なお一厘《いちりん》の手立てはあるのぢゃ。大神様にお詫《わ》び申して、すっかり心を改めてくだされよ。神々様も人民様も心得違い多いぞ。泥の海となる直前に、グレンと引っ繰り返し、びっくりの道あるぞ。

第四十九帖（八二一）

そなたの用意が足らんぞ。日々の人間の御用を、神の御用と和すように、神の御用が人の御用、人の御用が神の御用となるのがまことの道であり、弥栄の道であり、大歓喜であるぞ。

いつでも神懸《かみかか》れるように、神懸《かみかか》っているように、神懸《かみかか》っていても、我《われ》にもほかにも分からぬようになりてくだされよ。鍬《くわ》取る百性が、己を忘れ、大地を忘れ、鍬を忘れている境地が、まことの鎮魂《みたましずめ》であり、神懸《かみがか》りであるぞ。そこらでなさる行も、それに至る一つの道ではあるが、それのみではならんぞ。

気つけ合って、よきに進んでくだされよ。そなたが歩むのぢゃ。道は自分で歩まねばならんぞ。他人におんぶしたり、他人が歩かしてくれるのではないぞ。そなたの力で、そなた自身の苦労で、人を助けねばならんぞ。人を助ければ、その人は神が助けるのであるぞ。この道理、なぜに分からんのぢゃ。人を助けずに我《われ》を助けてくれと申しても、それは無理と申すもの。神にも道は曲げられんぞ。

第五十帖（八二二）

何も難しいこと申すのではない。自分の内の自分を洗濯して、明らかに磨けばよいのぢゃ。内にあるものを浄化すれば、外から近づくものが変わってくる道理。内の自分を洗濯せずにいて、汚いものが近づくとか、世の中が暗いとか不平申してござるなれど、そこにそなたの間違いがあるぞ。木でも草でも、中から大きくなってゆくのぢゃ。

三千年に一度の時が巡りきているのであるぞ。為せば成る時が来ているのぢゃ。為さねば後悔ぞ。時過ぎて種播《たねま》いても、くたびれ儲《もう》け。

そなたは、世の中が悪いとか人がよくないとか申しているが、すべては大神の腹の中にいて、一応、大神が許しなされておればこそ存在し、命《いのち》しているのであるぞ。悪く映るのは、心の鏡が曇っているからぞ。悪い世の中、悪い人と申すことは、神を悪く申し、神界が悪いのぢゃと申すのと同じであるぞ。

新しき世界には、新しき天子、天下を拵《こしら》えねばならん。このこと、間違えるでないぞ。珍しき御方《おんかた》が出てきてびっくりぢゃ。びっくりしなければ、ひっくりとはならんぞ。神は今まで化けに化けていたが、もう化けてはおられん。人民も、もう化けてはおられんぞ。九分九厘《くぶくりん》までは化けて、我慢《がまん》していたなれど、化けの世、方便の世、方便の教えは済んだのぢゃ。教えでは世は正されん。教えの集いは潰《つぶ》れてしまうのぢゃ。

無理してはならん。そなたの無理押しは、良いことを悪く曲げるぞ。

第五十一帖　（八二三）

世界を一つにするのであるから、王は一人ぢゃ。動きは二つとなるなれど、二つでないと動かんのぢゃ。キはキの動き、ミはミの動き、動いて和すのぢゃぞ。和すから弥栄ぢゃ。和せば一つぢゃぞ。キミとなるのぢゃ。

そなたは、自分と他との境界を作っているなれど、境界作ってはならんぞ。境界を作らずに、自《おの》ずからなる自他の別を生み出さねばならんぞ。

世界一家のやり方、間違えてござるぞ。それぞれの言《こと》の葉はあれど、みことは一つと申して知らしてあろがな。

大難は、小難にすることできるのであるが、なくすることはできんぞ。

不足は不足を生むぞ。そなたは口を慎めよ。

そなたは一度神を捨てよ。神にしがみついているから、小さい、囚われたゆとりのない神を、そなたが作り上げているぞ。信ずれば信ずるほど危ないぞ。大空に向かって大きく呼吸し、今までの神を捨てて心の洗濯をせよ。神を信じつつ迷信に落ちていると申してあること、よく心得よ。

第五十二帖　（八二四）

そなたは、つまらんことにいつも心を残すから、つまらんことが出てくるのであるぞ。心を残すということは、霊界との繋がりがあることぞ。つまらん霊界にいつまでくっついているのぢゃ。

何事も清めてくだされよ。清めるとは和すことであるぞ。同じもの同士では、和ではない。違ったものが和すことによって、新しきものを生むのであるぞ。奇数と偶数を合わせて、新しき奇数を生み出すのであるぞ。それがまことの和であり、清めであるぞ。善は悪と、陰は陽と和すことぢゃ。和すには同じあり方で、例えば、五と五との立場で和すのであるが、位においては、陽が中心であり、陰が外でなければならん。天が主であり、地が従でなければならん。男が上で、女が下ぢゃ。これが和の正しきあり方ぞ。逆さまならんぞ。これを公平と申すぞ。

口先ばかりで善いことを申すと、悪くなるのぢゃ。心と行いが伴わねばならん。分かりきったこの道理が行われないのは、そなたを取り巻く霊の世界に、幽界の力が強いからぢゃ。そなたの心の大半を、幽界的なもので占めているからぞ。己自身の戦、まだまだと申してあろがな。この戦、なかなかぢゃが、正しく和して早う弥栄、結構ぞ。

そなたの持つ悪い癖を直してくだされよ。その癖直すことが、御神業《ごしんぎょう》ぞ。自分で世界を立て直すような大きこと申してござるが、そなたの癖を直すことが最も大切な御用でないか。これに気がつかねば落弟ぞ。

恐れてはならん。恐れ生むからぞ。喜べ、喜べ。喜べば喜び生むぞ。喜びは神ぢゃ。神様御自身《ご》も、刻々弥栄してござるぞ。ゆえにこそ、成長なされるのぢゃ。人間も同様でなくてはならん。昨日の自分であってはならん。今の自分ぞ。中今《なかいま》の我《われ》に生きねばならん。我《われ》にどんな力があったとて、我《が》を出してはならんぞ。我《が》を出すと力なくなるぞ。我《が》を、大き我《が》に昇華させよ。大我《たいが》に溶け入らねばならん。大我に溶け入ったとて、小我《しょうが》がなくなるのではないぞ。人拝《おろが》めよ。物拝《おろが》めよ。拝《おろが》むと自分の喜びとなり、拝まれたものも喜びとなるぞ。嬉し嬉しとはそのことぞ。

第五十三帖　（八二五）

これほどこと分けて申しても得心できないのならば、得心のゆくまで思うままにやりてみなされよ。そなたは神の中にいるのであるから、いくら暴れ回っても、神の外には出られん。死んでも神の中にいるのであるぞ。思うさまやりてみて、早う得心改心いたされよ。改心して仕事喜事《よごと》と仕え奉《まつ》れよ。結構ぢゃなあ。

そなたは、自分は悪くないが周囲が良くないのだ、自分は正しい信仰をしているのだから、家族も知友も反対する理由はない、自分は正しいが他が正しくないのだから、正しくない方が正しい方へ従ってくるべきだと申しているが、内にあるから外から近寄るのだと申してあろうが。

そなたは、無抵抗主義が平和の基《もと》だと申して、右の頬《ほお》を打たれたら左の頬を差し出してござるなれど、それはまことの無抵抗ではないぞ。よく聞きなされ。打たれるようなものをそなたが持っているからこそ、打たれる結果となるのぢゃ。まことに磨けたら、まことに相手を愛していたならば、打たれるような雰囲気は生まれないのであるぞ。頬を打たれてくださるなよ。生まれ赤子見よと知らしてあろうが。

第五十四帖（八二六）

頭を下げてみなされ。流れてくるぞ。頭も下げず、低くならんでいては、流れてはこないぞ。神の恵みは、淡々とした水のようなものぞ。そなたは頭が高いぞ。天狗《てんぐ》ぞ。その鼻曲げて自分の臭《にお》いを嗅《か》いでみるがよい。

そなたは、左に傾いているぞ。左を見なければならんが、片寄って歩いてはならんぞ。そなたは右を歩きながら、それを中道と思ってござるぞ。そなたは平面上を行っているから、中道のつもりで、ほかに中ゆく道はないと信じているが、それでは足らんのう。立体の道を早う悟りなされよ。正中の大道、あるのであるぞ。左でもなく右でもなく、嬉し嬉しの道あるぞ。左も右も上も下も、相対の結果の世界ぢゃ。原因の世界に入らねばならん。平面より見れば相対あるなれど、立体に入り、更に複立体、複々立体、立々体の世界を知らねばならんぞ。相対では争いぢゃ。戦ぢゃ。まことの世界平和は、今のやり方、考え方では成就せんぞ。三千世界和平から出発せねばならんぞ。

そなたは、筆をよく読んでいるが、それだけでは足らん。筆を腹に入れねばならん。つけ焼刃《やきば》ではならん。筆を血とし生活とすれば、何事も思うとおりスラリスラリと面白いほど栄えてくるぞ。思うように運ばなかったら省みよ。己が己に騙されて、己のためのみに為していることに気づかんのか。それが善であっても、己のためのみならば死し、善のための善ならば弥栄えるぞ。善にも外道の善あるぞ。心せよ。

筆見ておらぬとびっくりが出てくるぞ。この世始まってないことが出てくるのぢゃ。世界の片端、浜辺からぞ。分かりたか。

そなたは、神体を偶像と申してござるが、それはそなた自身が偶像なるがゆえであるぞ。礼拝を忘れ、祈りを忘れることは、神を忘れることぢゃ。そなたの住む段階では、祈り畏《かしこ》み謹んで、実践しなければならんぞ。拝まんでも拝んでいる境地はなかなかぢゃなあ。

そなたは、我《われ》が助かろうとするから助からんのぢゃ。世界はこの世ばかりではないことを、よく得心してくだされよ。我《が》を捨てて素直になされよ。三千年の秋が来ているのであるぞ。

第五十五帖　（八二七）

そなたはよく腹を立てるが、腹が立つのは慢心からであるぞ。よく心得なされよ。下腹から込み上げてくる怒りは、大きな怒りであるから怒ってよいのであるなれど、怒りの現し方をできるだけ小さく、できるだけ清く、できるだけ短くしてくだされよ。怒りに、清い怒りはないとそなたは思案してござるなれど、怒りにも、清い怒り、澄んだ怒りあるぞ。

三月三日

そなたは、いつも自分の役に不足申す癖があるぞ。その癖、直してくだされよ。長く掛かってもよいから、根の根からの改心、結構ぞ。手は手の役、足は足、頭は頭の役、それぞれに結構ぞ。上下貴賤《きせん》ないこと、そなたには分かっているはずなのに、早う得心してくだされよ。

そなたは、この神と極めて深い縁があるのぢゃ。縁あればこそ、引き寄せて苦労さしているのぢゃ。今度の御用は、苦の花咲かすことぢゃ。真理に苦の花咲くのであるぞ。

因縁のそなたぢゃ。一聞いたなら、十が分かるのぢゃ。言われん先に分かってもらわねばならんぞ。知らしてからでは味ないぞ。十人並ぞ。今度の御用は千人力。十人並では間に合わんぞ。

人間の目は一方しか見えん。表なら表、右なら右しか見えん。表には必ず裏があり、左があるから右があるのぢゃ。自分の目で見たのだから間違いないと、そなたは我《が》を張っておるなれど、それはただ一方的の真実であるぞ。独断は役に立たんぞと申してあろが。見極めた上にも見極めねばならんぞ。霊の目も一方しか見えんぞ。霊人には何でも分かっていると思うと、大変な間違い起こるぞ。一方と申しても、霊界の一方と現界の一方とは、一方が違うぞ。

そなたはなかなかに立派な理屈を申すが、理屈も必要ではあるが、泡の如きもの。そなたの財産にはならんぞ。体験の財産は、死んでからも役に立つ。懺悔《ざんげ》せよと申しても、人の前に懺悔してはならんぞ。人の前でできる懺悔は割り引きした懺悔。割り引きした懺悔は、神を騙《だま》し、己を騙すこととなるぞ。悔い改めてくだされ。深く省みてくだされ。深く恥じ恐れよ。心して慎んでくだされよ。直《ただ》ちに良き神界との霊線が繋がるぞ。霊線繋がれば、その日、その時から良くなってくるぞ。気持ちが曲がったら、霊線が切り替えられる。

第五十六帖（八二八）

そなたはいつも、あれも良いらしい、これも良いようだと迷って、迷いの世界を生み出し、自分で自分を苦しめて、気の毒よなあ。これと一応信じたら、任せ切れよ。舵《かじ》を放して鳴門の渦の中に任せ切れよ。任せ切ると開《ひら》けてくるのぢゃ。悟れたようでいて、そなたが悟り切れんのは、任せ切らんからぞ。

そなたはいつも孤独。そなたの不運は孤独からぢゃ。友を作りなさい。友作ることは、己を作ることと申してあろが。友作ることは、新しき世界を作ることぞ。一人の世界は知れたものぞ。一人ではまことの道を生きてはゆかれんぞ。

友と申しても、人間ばかりではないぞ。山も友、川も友、動物も植物も、皆友ぞ。大地も大空も、皆友となるぞ。何もかも皆友ぢゃ、皆己ぢゃ。皆々己となれば、己はなくなるぞ。己なくなれば、永遠に命《いのち》する無限の己となるのぢゃ。御《ご》神前で拝むばかりでは狭いぞ。野菜拝めば野菜が、魚拝めば魚が己となるのぢゃ。拝むことは和すこと。和すことが友作る秘訣ぞ。友を己とすることは、己を友とすることぢゃ。友に捧げることぢゃ。

親は子に捧げるからこそ、子が親となるのぢゃ。分かりたか。赤ん坊のお尻を拭いてやることもあるであろがな。そなたが赤ん坊と同じであったら、できない芸当ぞ。お尻を出す者があっても、決して怒ってはならん。子のお尻と思って綺麗に拭いてやれよと申してあろが。お尻を持ち込まれるのは、持ち込まれるだけのわけがあるからぞ。利子は後から支払えばよいとそなたは思っているが、先に支払うこともあるのであるぞ。先にお尻を拭かねばならんことも、世が迫ってくると出てくるのぢゃ。その代わり、あとでは神がそなたのお尻を綺麗に拭いてくださるぞ。ブツブツ申さずに、勇んでやってくだされよ。

そなたは他に物を与えることに心せねばならんぞ。与えることはいただくことになるのであるから、与えさしてもらう感謝の心がなければならんぞ。強く押すと強く、弱く押すと弱く跳ね返ってくること、よく知っておろがな。自分の物というものは何一つないこと、よく分かっておるはずぢゃ。

第五十七帖（八二九）

そなたは、失業したから仕事を与えてくれと申しているが、仕事がなくなってはおらんぞ。いくらでもあるでないか。なぜに手を出さんのぢゃ。そなたはすぐ金にならねば食ってゆけない、金にならぬ仕事はできぬ、自分はよいが妻子がかあいそうだからなどと申しているが、どんな仕事でも、その仕事に溶け込まねば、その仕事になり切らねばならんのに、そなたは目の先の欲に囚われ、欲になり切って、目の色を変えてござるぞ。それでは仕事にならん。仕事は、神が与えたり、人が与えてくれるのでないぞ。自分自身が仕事にならねばならん。この道理さえ分かれば、失業はないぞ。自分が仕事ぢゃからのう。

第五十八帖　（八三〇）

春が来れば草木に芽が出る、花が咲く。秋になれば葉が枯れるのぢゃ。時節よく気つけて取り違いせんよういたしくれよ。時節ほど結構なものないが、また怖いものもないのであるぞ。ちょうど呼吸のようなもので、一定の順序あるのぞ。吸の極みは呼となり、呼の極みは吸となるぞ。これが神の働きであるから、神の現れの一面であるから、神も自由にならん。この神も時節には敵《かな》わんのであるのに、そなたは時々この時節を無視して、自我で、あるいは時節を取り違いして押し捲《まく》るから、失敗したり怪我したりするのぢゃぞ。素直にしておれば、楽にゆけるようになっているぞ。時待てば、煎《い》り豆にも花咲くのであるぞ。水が逆に流れるのであるぞ。上下でんぐり返るのであるぞ。上の人が青くなり、下の人が赤くなるのであるぞ。取り違いないように理解してくだされよ。

第五十九帖　（八三一）

一度申したこと、どこまでも貫くそなた結構ぞ。なれども囚われているぞ。この神は、ちと大きな、今までにない大変をいたすのであるから、あまり小さく囚われていると分からんことになってくるぞ。固まる時には、一度に固まらねばならん。昨日は昨日、今日は今日ぞ。

そなたは、動機が善ならば失敗は薬と、我《われ》の都合のよいように、我《われ》と我《われ》を弁解してござるなれど、弁解したのでは薬にならん。毒となることあるぞ。省みよ。

そなたは、何神様でも、仏でも、何でもかんでも拝んでいるが、その順序と区別がよく分かっていないぞ。分からずに盲滅法《めくらめっぽう》に拝んではならん。心得なされよ。

そなたは、忙しい忙しい、筆読む間もないと申しているが、忙しいのは神の恵みであるぞ。淀《よど》んだ水は腐るのぢゃ。忙しい中にこそ、筆読む時があるのぢゃ。逃げ道を作ってはならん。

第六十帖（八三二）

そなたは、自分の力を人に見せようとしているが、無邪気なものぢゃのう。自分の力が隠せぬようでは、頭に立つことできんぞ。何もかも出してしまったのでは、味がなくなるぞ。

そなたはよく祈る。祈ることは結構であるなれど、祈るばかりで物事成就せんぞ。為すにはまず祈らねばならんが、そなたは、そなたの神にのみ祈っているぞ。為すのは己であるから、己に祈らねばならんぞ。己に祈りた後、己が為さねばならんぞ。乳房与えられても、自分で吸わねば自分の身にはつかぬ道理ぢゃ。だが、為したのみでは、まだ足らんぞ。時々は省みなければならんぞ。

そなたは、形や口先ばかりでものを拝んでいるが、心と行いと口と三つ揃《そろ》わねばならん。三つ揃うて拝むならば、どんなものでも与えられるのぢゃ。拝む所へ物は集まってくる。神も集まってくる。足らぬものなくなるぞ。余ることなくなって、満たされるのがまことの富ぢゃ。清富ぢゃ。

第六十一帖（八三二）

そなたの苦労は、取り越し苦労。心配りは忘れてならんなれど、取り越し苦労、過ぎ越し苦労は要らん。そうした苦労は、そうした霊界を作り出して、自分自身が要らぬ苦労をするぞ。何事も神に任せよ。

そなたは、まだ神業の取り違いしてござるぞ。そなたの現在与えられている仕事が、神業であるぞ。その仕事をよりよく、より浄化するよう行じねばならんぞ。努めた上にも努めねばならん。それが御神業《ごしんぎょう》であるぞ。

そなたは、そなたの心と口と行いが違うから、違うことが次から次へと折り重なるのぢゃ。言《こと》正してゆかねばならんぞ。苦を楽としてゆかねばならん。苦と心するから、苦しくなるのぢゃ。楽と心すれば、楽と出てくるのぢゃ。ちょっとの心の向け方、霊線の繋ぎ方ぞ。

そなたは、悪人は悪人ぢゃ、神として拝めとは無理ぢゃと申しているが、一枚の紙にも裏表あるぞ。そなたは、いつも裏ばかり見ているから、そんなことになるのぢゃ。相手を神として拝めば、神となるのぢゃ。この世は、皆神の一面の現れであるぞ。

第六十二帖（八三四）

そなたは、現実世界のことばかりより分からんから、現実のことばかり申して、一に一足す二だとのみ信じているが、現実界ではそのとおりであるが、それが平面の見方、考え方と申すもの。いくら極めても進歩も弥栄もないのぢゃ。一に一足す一の世界、一に一足す無限の世界、超現実、霊の世界、立体の世界、立々体の世界のあることを体得せねばならんぞ。

そなたは心を持っておろがな。心があれば、心の属する世界のある道理は分かるであろうが。心で描いて、心でまず作り出してから行為することも、その順序も分かるであろうがな。心の動きが先で、肉体がその後で動くことも分かっておろうがな。心の世界にないものは、物質の世界にない道理も分かっておろうがな。なぜに迷うのぢゃ。霊界が主で現界が従であること、分かってくだされよ。逆立ちしてそなた自身で苦しんでいること、早う得心して、嬉し嬉しで暮らしてくだされよ。

三月三日

底本

岡本天明『一二三』至恩郷

主な参考文献

岡本天明『原典　日月神示』新日本研究所
岡本天明（書）、中矢伸一（校訂）『完訳　日月神示』ヒカルランド
岡本天明『新版　ひふみ神示』コスモビジョン

一《ひ》二《ふ》三《み》（三）

2023年6月10日　第1刷発行

著　者　　岡本天明
補　訂　　奥山一四
発行人　　久保田貴幸

発行元　　株式会社 幻冬舎メディアコンサルティング
〒151-0051　東京都渋谷区千駄ヶ谷4-9-7
電話　03-5411-6440（編集）

発売元　　株式会社 幻冬舎
〒151-0051　東京都渋谷区千駄ヶ谷4-9-7
電話　03-5411-6222（営業）

印刷・製本　中央精版印刷株式会社
装　丁　　弓田和則

検印廃止

Printed in Japan
ISBN 978-4-344-94386-5　C0014
幻冬舎メディアコンサルティングＨＰ
https://www.gentosha-mc.com/